14 projets de tricot en grosse laine

14 projets de tricot en grosse laine

Originaux et faciles à réaliser

par Carolyn Clewer

Les Éditions Goélette inc.

Copyright © 2003 Quarto Inc.
Ce livre produit par
Quantum Publishing Ltd
6 Blundell Street
London N7 9BH
Paru sous le titre original de : Chunky knits

LES ÉDITIONS GOÉLETTE inc.

600 boul. Roland-Therrien
Longueuil, J4H 3V9
www.editionsgoelette.com

TRADUCTION : Évelyne Clouet

INFOGRAPHIE : Amélie Surprenant
COUVERTURE : Amélie Surprenant
COORDINATION : Esther Tremblay

PHOTOGRAPHES : Paul Forrester et
Colin Bowling

Dépôts légaux : troisième trimestre 2007
Bibliothèque et archives nationale du Québec
Bibliothèque nationale du Canada
Bibliothèque nationale de Paris

ISBN : 978-2-89638-115-9

Gouvernement du Québec —
Programme de crédit d'impôt
pour l'édition de livres —
Gestion SODEC

Imprimé à Singapour

Table des matières

Introduction

Le tricot a toujours exercé une influence dans la mode et sa plus récente manifestation se traduit par une préférence pour les tricots en grosse laine. Que vous soyez un fervent adepte de la mode ou un passionné de tricot, il ne vous aura pas échappé l'attrait qu'ont eu les tricots en grosse laine sur les podiums ces dernières saisons.

Le regain d'intérêt actuel que connaissent l'artisanat et l'individualité a poussé les stylistes à actualiser et à adapter les techniques traditionnelles du tricot à la main. Il est très facile de recréer ces effets visuels et texturés, tout en préservant les qualités pratiques que procure le tricot, à savoir chaleur et confort, et ce livre vous en fait la démonstration.

Avec très peu de savoir-faire en matière de tricot et armé de grosses aiguilles et de grosse laine, le parfait débutant sera bientôt guidé par des projets simples, pratiques et créatifs qui s'exécutent en un clin d'œil.

Ce livre vous fait cheminer dès le début, en vous présentant de nouveaux projets techniques dont chaque étape est illustrée. Il est conçu de manière à progresser dans les projets selon leur ordre de présentation. Diverses techniques sont abordées au fur et à mesure des besoins. Le débutant apprendra ainsi l'ABC du tricot depuis le montage et le tricotage de la première maille jusqu'à la réalisation de la mise en forme et des finitions, et ce, avec une touche professionnelle. Chaque thème est clairement expliqué et soutenu, étape par étape, par des photographies, lesquelles illustrent les façons les plus simples pour parvenir à des résultats satisfaisants.

Après avoir exploré les techniques relatives aux projets de base, une série de motifs simples utilisant des points en relief vous sera proposée, depuis le tricot en dentelle vaporeuse et la bordure astrakan jusqu'au détail de la giga-torsade. Apprenez comment interpréter la vogue grandissante des motifs éclectiques aux tons acidulés à travers les techniques du jacquard à fils flottants (Fair Isle) et du jacquard intarsia.

Il est possible d'embellir le tricot en grosse laine et de l'agrémenter, selon votre inspiration, de perles, de paillettes aux couleurs vives ou encore de broderie. Ces techniques simples vous permettront de personnaliser votre tricot et de l'orner.

Grâce à ce livre, vous acquerrez les habilités nécessaires et la confiance voulue pour vous aventurer à travailler d'autres modèles de tricot. Peut-être souhaitez-vous faire la totalité des projets ou plutôt vous exercer aux différentes techniques sur des échantillons plus petits au fur et à mesure que vous progressez dans le livre.

Le tricot est un art qui se pratique depuis 1000 ans av. J.-C., mais il n'a jamais été aussi en vogue. Quelle autre activité peut vous permettre en même temps de renouveler votre garde-robe et d'échapper au stress de la vie moderne du 21ᵉ siècle? La gamme passionnante et sans cesse croissante de grosses laines et de super grosses laines, actuellement offertes, vous procurera l'inspiration nécessaire pour inventer et adapter des idées en associant couleur et texture comme bon vous semble. Le moment est venu d'investir dans une paire d'aiguilles et dans de la grosse laine, de mettre à exécution quelques techniques élémentaires, de vous offrir un peu de loisirs et de vous mettre à vos aiguilles !

Carolyn Clewer

Comment débuter

Fournitures et accessoires

Si vous disposez d'une pelote de laine et d'une paire d'aiguilles à tricoter, vous voilà alors prêt à tricoter. Toutefois, pour obtenir des résultats satisfaisants, il importe de choisir les bonnes fournitures et les accessoires adéquats quel que soit le projet. Les projets, dont il est question dans ce livre, concernent les aiguilles et la laine utilisées pour le tricot en grosse laine et en super grosse laine, ce qui constitue un moyen de travailler vite et dans le plaisir. Vous disposez déjà probablement des autres accessoires dont vous aurez besoin comme le mètre de couturière et une paire de ciseaux. Cependant, au cours de ces projets, vous trouverez certainement fort utile de vous procurer d'autres accessoires spécialisés.

Fibre de laine

N'importe quel fil continu peut faire l'affaire pour tricoter, mais la plupart des fils à tricot sont fabriqués par filage de fibres. La fibre peut être d'origine naturelle ou fabriquée par l'homme, et de nombreuses laines se composent de diverses fibres. Le contenu de la fibre de laine aura une grande influence sur la tenue du tricot une fois celui-ci terminé, la façon dont il se porte le mieux et sur l'entretien qu'il doit recevoir.

Les fibres naturelles d'origine animale concernent la laine, le mohair, la soie, l'alpaga et l'angora. La laine provenant des moutons est traditionnellement le fil le plus populaire pour le tricot à la main, car facile à travailler, il offre les attraits recherchés, à savoir souplesse, durabilité et chaleur. La laine ne peut habituellement se laver en machine, à moins d'être traitée spécialement ou mélangée à une fibre synthétique.

Les fibres naturelles provenant des plantes comprennent le coton et le lin, lesquels sont des matières apportant de la fraîcheur lorsque portées et elles sont faciles à laver. Le coton, néanmoins, offre moins de souplesse que la laine et a tendance à montrer la moindre irrégularité de mailles. Les fibres synthétiques sont souvent utilisées pour imiter à moindre coût les fibres naturelles, mais elles servent de plus en plus à produire de nouveaux effets et des laines sophistiquées. Elles sont souvent lavables en machine mais, en général, craignent la chaleur, qui leur fait perdre facilement de leur souplesse et de leur élasticité. Il faut donc les mettre en forme ou les repasser avec soin à la vapeur.

Poids et types de laine

La plupart des laines se confectionnent en tordant plusieurs fils ensemble selon un procédé que l'on appelle le filage. Cela consiste à mélanger différentes fibres, couleurs et d'user de techniques de filage de diverses façons afin de pouvoir créer à l'infini des combinaisons de textures. Il est possible également de produire de la laine en tricotant ensemble des fils fins, le fil de bandelette et de chaînette, ou encore en insérant de courts fils au cœur du fil principal, la laine chenille et tuftée. Toute longueur continue de fil peut être tricotée. Vous pouvez en faire l'expérience à l'aide de raphia, de ruban et même avec de la ficelle. Le poids ou l'épaisseur du fil détermine le choix de la grosseur des aiguilles à utiliser et la tension conséquente du tricot. Au cours des années, certaines descriptions et catégories de fils ont évolué afin de faciliter l'identification des poids standards du fil. La laine offerte dans chaque catégorie ne donnera pas nécessairement la même chose dans son apparence, mais elle peut être tricotée à partir d'un échantillon équivalent. Avec l'évolution de la mode, de nouveaux types de laine sont devenus plus populaires. Il y a de nombreuses années, une laine, au poids adapté au point irlandais, était considérée comme une laine épaisse. Avec les récents développements et l'engouement pour la grosse laine à tricoter et, à présent, de la super grosse laine, le point irlandais est aujourd'hui davantage considéré comme une laine de poids moyen. Les descriptions sur le poids des fils plus lourds sont moins établies. Par conséquent, l'information figurant sur l'étiquette de la pelote sera un guide plus utile que la description de la laine fournie par le fileur. Deux ou plusieurs bouts de fils plus fins peuvent être tricotés ensemble pour obtenir une grosse laine. La taille des aiguilles est donnée à titre indicatif, plus la laine est épaisse, plus les aiguilles sont grosses. Certaines laines innovent et offrent de l'information sur les équivalences du poids, par exemple, on peut lire « à tricoter en grosse laine ».

Super grosse laine

Super grosse laine mélangée

Super grosse laine filetée

Extra grosse laine mélangée

Extra grosse laine polaire

Extra grosse laine mélangée

Grosse laine

Laine d'Aran

Laine peignée

Grosse laine chenille

Laine fine métallisée

Viscose de bandelette

Raphia

Grosse laine mohair luxueuse

Les fils sont disponibles dans une riche gamme de fibres, d'épaisseurs et de textures, depuis la grosse laine mohair jusqu'au fil métallique fin.

La super grosse laine est vraiment une très grosse laine qui sera à son meilleur si on la tricote avec des aiguilles géantes de 10 ou 20 mm (Nº 15 ou Nº 36).

L'extra grosse laine est plus épaisse qu'une grosse laine standard et elle se tricote plus rapidement. Utilisez des aiguilles de 8 ou 10 mm (Nº 11 ou Nº 15).

La grosse laine est une laine épaisse souvent utilisée pour les chandails chauds d'hiver. Utilisez des aiguilles de 6 ou 8 mm (Nº 10 ou Nº 11).

La laine d'Aran est une laine de poids moyen qui, traditionnellement, s'emploie pour le point irlandais. Utilisez des aiguilles de 5 ou 5½ mm (Nº 8 ou Nº 9).

La laine peignée est légèrement plus épaisse que la laine d'Aran et doit être tricotée avec des aiguilles 4 ou 4½ mm (Nº 6 ou Nº 7).

La laine de type 4-ply correspond à un poids plus léger que le type DK et elle est tricotée sur des aiguilles fines de 3 ou 3½ mm (Nº 3).

La laine 3 plis est très fine et elle est conçue pour crocheter.

La laine de fantaisie comme la laine métallique, brillante, chenillée et de bandelette se décline en toute sorte d'épaisseurs et elle peut donner des effets surprenants à votre tricot. Elle se travaille seule ou combinée à d'autres laines.

La laine duveteuse comme le mohair est habituellement conçue pour être tricotée plus lâche. La laine mohair de chevreau est plus fine et peut être tricotée comme un type 4-ply ou DK. La laine mohair luxueuse ou la grosse laine mohair doit être tricotée avec la même tension que la grosse laine même si le brin est plus fin.

Information figurant sur l'étiquette de la pelote

La plupart des laines se présentent sous forme de pelotes ou d'écheveaux. L'étiquette, dont elles sont pourvues, contient une mine de renseignements. Si vous la lisez attentivement, vous y trouverez tout ce qu'il vous faut savoir sur la laine.

Le nom du fabriquant et le type de laine : cela vous indique le nom du fil et précise le fileur qui l'a confectionné.

Le poids et la longueur : avec ces renseignements, vous êtes en mesure d'évaluer le nombre de pelotes dont vous aurez besoin pour réaliser votre projet de tricot ou pour effectuer votre échantillon.

Le contenu de la fibre : cela vous indique la composition du fil.

Le ton : il indique le nom du fabricant ou le numéro de coloris.

Le lot de teinture : ce numéro indique les pelotes ayant eu le même bain de teinture. Si vous utilisez plus d'une pelote de laine, il faut que celles-ci aient le même numéro de ton pour qu'aucune différence de ton ne paraisse dans le tricot.

Le diamètre des aiguilles : cette information recommande la taille d'aiguille à utiliser. C'est un bon repère. Toutefois, si votre tricot est serré, une taille supérieure d'aiguille serait préférable. À l'inverse, si votre tricot est lâche, il faudrait

prendre une taille plus petite pour obtenir la parfaite tension.

La tension : elle vous permet de calculer le nombre de mailles et de rangs dont vous avez besoin pour réaliser votre tricot à la bonne taille. Les mailles tricotées dans une laine fine ou avec des aiguilles fines sont plus petites que les mailles tricotées dans de la laine épaisse ou avec des aiguilles plus grosses (voir page 28).

Conseils d'entretien : il s'agit en général d'un symbole qui indique comment vous devez laver et entretenir votre tricot.

Autres fournitures : vous aurez souvent l'occasion d'utiliser d'autres types de garniture et d'attache pour terminer un vêtement. Le choix de la garniture peut grandement influencer l'apparence du vêtement une fois celui-ci terminé. Assurez-vous que les conseils d'entretien relatifs aux garnitures conviennent à la laine utilisée. Voyez aussi si la taille et le poids des garnitures sont adaptés au type de laine.

Fournitures

Avant de commencer à tricoter, il vous faudra rassembler les fournitures de base. Vous pourrez vous procurer les autres accessoires au fur et à mesure des besoins. Une paire d'aiguilles à tricoter est, de loin, l'outil principal parmi les fournitures. Les aiguilles utilisées pour la grosse laine sont habituellement en plastique. Toutefois, elles peuvent être aussi en acier, en bambou ou en bois. Les petites boutiques d'articles d'occasion sont des endroits de prédilection pour dénicher des aiguilles de différentes grosseurs et de divers types pour monter votre collection. Utilisez toujours une jauge à aiguilles pour vérifier la grosseur des aiguilles déjà utilisées, car le système de calibrage s'est modifié au cours des années et il varie selon les pays. La longueur des aiguilles varie selon le nombre de mailles travaillées et la méthode utilisée pour tenir les aiguilles (voir page 15). Évitez d'utiliser des aiguilles tordues, rugueuses, émoussées ou aux pointes cassées, vous serez ralenti dans votre technique et cela risquerait d'abîmer la laine.

▼ **Les aiguilles à tricoter** se vendent par paire dans une grande diversité de tailles selon le poids de la laine. Leur taille va du 0 (pour la plus fine) au 36 (pour la plus grosse).

▲ **Une jauge à aiguilles** permet de vérifier le diamètre des aiguilles à tricoter.

▶ **Les aiguilles auxiliaires** sont des aiguilles à double pointe servant à mettre des mailles en attente lors du travail des torsades.

▲ **Des aiguilles à double pointe ou circulaires** sont aussi disponibles pour tricoter en rond.

▼ **Les arrête-mailles** permettent de recueillir temporairement les mailles qui seront tricotées ultérieurement.

▶ **Les anneaux marqueurs** sont de petits anneaux en plastique ou en métal qui s'insèrent dans le tricot en cours ou sur l'aiguille pour indiquer un rang ou une maille en particulier.

▶ **Un compte-rangs** se place au bout de l'aiguille droite pour indiquer le nombre de rangs travaillés en motif. Il suffit simplement de tourner le cadran à chaque fin de rang.

▶ **Les épingles de sûreté** permettent de mettre en attente un petit nombre de mailles et servent également à attacher les bords à coudre.

▲ **La pelote à épingles** est essentielle lorsqu'il s'agit de mettre en forme les pièces à mesurer et d'épingler les bords. Choisissez les épingles les plus longues dont vous disposez quand vous tricotez en grosse laine.

◀ **Le crochet** est utile quand des mailles perdues doivent être récupérées et aussi pour réaliser la bordure.

▶ **Une aiguille émoussée**, pourvue d'un chas suffisamment gros pour enfiler la laine, sert à coudre le tricot. Les aiguilles plus fines s'emploient pour coudre les fermetures Éclair et les bords.

▶
Un ciseau de couturière affûté est indispensable pour couper la laine.

TABLEAU DE CONVERSION DE LA TAILLE DES AIGUILLES

AMÉRICAIN	MÉTRIQUE (mm)	IMPÉRIAL
36	20	–
19	15	–
17	12	–
15	10	000
13	9	00
11	8	0
10½	7½	1
10½	7	2
10½	6½	3
10	6	4
9	5½	5
8	5	6
7	4½	7
6	4	8

▶ **Les protège-pointes d'aiguilles** empêchent les mailles de glisser lorsqu'on pose son ouvrage.

 ◀ **Le mètre de couturière** est un accessoire essentiel des fournitures. Remplacez-le régulièrement car, à la longue, il s'étire et perd de son exactitude.

▶ **Le peigne à laine mohair** donne un effet plus gonflant au poil mohair.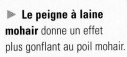

▶ **Les bobinettes ou navettes** servent à mettre une petite quantité de laine en attente pour tricoter le point jacquard.

Se préparer à tricoter

Lorsque l'on apprend à tricoter, il importe de travailler dans un environnement confortable, propice au calme, bien éclairé avec de la laine et des aiguilles faciles à manier. Choisissez une grosse laine, douce et unie, de manière à distinguer clairement chacune des mailles. Les laines très fantaisies ou duveteuses peuvent distraire lors de l'apprentissage des techniques. Prenez le fil de départ à l'intérieur de la pelote pour qu'il se dévide sans à-coups. Votre pelote ainsi ne « se promènera » pas lorsque vous tricoterez. Reportez-vous à l'étiquette de la pelote afin de savoir quelle taille d'aiguilles est recommandée et choisissez un jeu d'aiguilles s'accordant à votre laine. Leur longueur est une question de préférence, mais habituellement les aiguilles plus courtes de 25 ou 30 mm (N° 10 ou N° 12) sont, pour un débutant, plus faciles à manier.

Faire un nœud coulant

L'exécution d'un nœud coulant constitue toujours la première étape du montage des mailles. Une fois réalisé, on le passe alors sur l'aiguille gauche pour former la première maille à monter.

1 Maintenez fermement l'extrémité du fil, paume de main face à vous, et passez le fil de la pelote au-dessus de l'index et du majeur de la main gauche.

2 Passez de nouveau le fil autour de ces deux doigts de manière à croiser sur l'index la première boucle et à venir le placer au plus près de la paume.

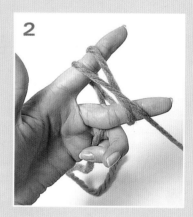

3 Maintenez contre votre paume les deux extrémités du fil et, avec votre main libre, attrapez la première boucle pour faire passer la seconde boucle à travers.

4 Tenez cette boucle d'une main et tirez légèrement sur l'extrémité du fil de l'autre main pour resserrer le nœud avant de le faire glisser sur l'aiguille.

Tenir le fil et les aiguilles

Il existe plusieurs façons de tenir les aiguilles et le fil, mais ce qui importe, c'est que vous trouviez celle avec laquelle vous êtes le plus à l'aise. Les techniques les plus courantes consistent à tenir le fil de la main droite et l'aiguille droite selon la méthode « du crayon », où l'aiguille est active, ou la méthode « à la française », où l'index est en mouvement et l'aiguille fixe. Essayez chacune des méthodes afin de voir celle qui vous convient le mieux. Mais ne vous découragez pas, car la première fois que vous tiendrez des aiguilles à tricoter, sans aucun doute, vous vous sentirez un peu maladroit. Toutefois, avec de la pratique, vous gagnerez beaucoup plus en rapidité et en spontanéité, quelle que soit la méthode que vous retiendrez.

Tenir le fil
Pour obtenir une alimentation régulière en fil, celui-ci doit toujours rester tendu au fur et à mesure qu'il passe entre vos doigts. L'index déplace le fil en le positionnant autour de la pointe de l'aiguille lorsque vous montez une maille.

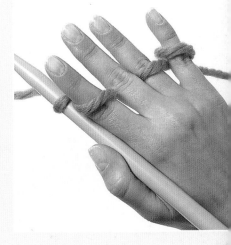

Main gauche
▶ Pour tenir le fil dans votre main gauche, faites passer le fil de travail (qui sort de la pelote) sur l'auriculaire, sous l'annulaire et le majeur et autour de l'index.

Main droite
▶ Une façon très simple pour les débutants de tenir le fil dans la main droite consiste à enrouler le fil de travail autour de l'auriculaire, sur l'annulaire, sous le majeur et de nouveau sur l'index.

Tenir les aiguilles

Méthode « du crayon »
Les aiguilles utilisées pour cette méthode peuvent être aussi courtes que pratiques. Tendez suffisamment le fil entre les doigts et tenez l'aiguille droite comme un crayon et maintenez-la en équilibre en la tenant dans le haut entre le pouce et l'index. Tenez l'aiguille gauche en plaçant votre main dans le haut et aidez-vous du pouce et de l'index de la main gauche pour tenir le bout de l'aiguille droite.

Méthode « à la française »
Cette méthode peut servir autant pour des aiguilles courtes ou longues. Pour les aiguilles longues, sachez que certaines tricoteuses préfèrent maintenir l'aiguille droite sous le bras, ce qui libère la main droite pour former la maille. Tendez suffisamment le fil entre les doigts et venez placer la main droite par-dessus l'aiguille comme pour tenir un couteau. Tenez l'aiguille gauche plus ou moins pareil.

Montage des mailles

Le montage des mailles constitue la première étape dans le tricot. Cela consiste à monter votre premier rang de mailles sur une aiguille. Il existe plusieurs façons de faire, mais le nœud coulant demeure toujours la pierre angulaire. On peut recourir à d'autres types de montages de mailles en fonction du style de tricot que l'on prévoit réaliser. Diverses techniques peuvent donner, selon le résultat recherché, un tricot à bordure serrée, souple ou lâche.

Montage sur une aiguille (méthode du pouce)

Cette méthode est très simple et donne une bordure extensible. Elle convient aux fils moins élastiques comme le coton. Elle s'emploie également pour le montage du col et des bordures, qui seront cousus comme pièces rapportées.

1 Faites glisser le nœud coulant sur l'aiguille et serrez doucement afin de former votre première maille. Tenez votre aiguille d'une main et tenez fermement, de l'autre main, le fil de la pelote.

2 Enroulez le fil de la pelote autour de votre pouce pour former une boucle.

3 Poussez la pointe de l'aiguille vers le haut à travers la boucle de votre pouce.

4 Lâchez la boucle du pouce et tirez légèrement sur le fil de la pelote pour resserrer la nouvelle maille ainsi formée sur l'aiguille. Au moment de serrer les mailles, veillez à conserver une certaine souplesse pour faciliter le mouvement de haut en bas de l'aiguille.

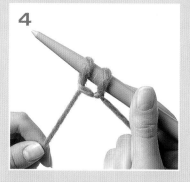

5 Répétez cette opération jusqu'à obtenir le nombre de mailles voulu.

Montage sur deux aiguilles (méthode anglaise)

Cette méthode de montage des mailles donne une bordure bien nette et ferme. Elle s'adapte parfaitement à toutes sortes de travaux et convient à la plupart des ouvrages, et en particulier aux côtes et aux bordures en jersey.

1

1 Glissez le nœud coulant sur l'aiguille gauche en dégageant le fil libre de votre tricot pour le tenir sous vos doigts. Maintenez le fil venant de la pelote tendu entre les doigts, piquez l'aiguille droite dans la maille de gauche vers la droite.

2

2 Passez le fil en arrière de l'aiguille droite de droite à gauche et ramenez-le passant entre les pointes des deux aiguilles.

3

3 Avec la pointe de l'aiguille droite, tirez la nouvelle boucle vers vous à travers le nœud coulant de l'aiguille gauche.

4

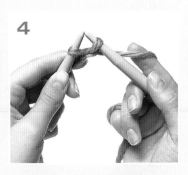

4 Vous venez de former une nouvelle maille sur l'aiguille droite.

5

5 Piquez l'aiguille gauche vers le haut dans la nouvelle maille et retirez l'aiguille droite pour obtenir deux mailles sur l'aiguille gauche.

6

6 Piquez l'aiguille droite derrière l'aiguille gauche, entre les deux mailles précédentes et serrez légèrement le fil. Enroulez le fil autour de l'aiguille droite, de droite à gauche, faites passer la nouvelle boucle à travers et glissez-la sur l'aiguille gauche, comme précédemment.

7 Répétez l'étape 6 jusqu'à obtenir le nombre de mailles voulu sur l'aiguille gauche.

Conseil professionnel

Lors du montage des mailles, essayez de réaliser cette étape avec une certaine souplesse dans l'exécution. Il doit y avoir assez d'espace pour piquer la pointe de l'aiguille dans chacune des mailles de montage, sinon le premier rang sera difficile à tricoter. Au cours de l'apprentissage, il est plus facile de tricoter des mailles un peu plus lâches.

Pour réaliser une bordure plus lâche, moins massive, piquez l'aiguille droite dans la boucle de la dernière maille travaillée, plutôt que derrière elle. Cette méthode convient à la réalisation de la dentelle ou encore lorsque la bordure de montage doit être cousue comme un ourlet.

Débuter son tricot

Les mailles endroit et envers sont les mailles de base de tout ouvrage tricoté. Il s'agit de former chaque maille à l'aide de l'aiguille droite pour tirer une boucle à travers une maille de l'aiguille gauche. Commencez par monter entre 15 et 20 mailles sur l'aiguille gauche et soyez prêt à vous exercer à la maille endroit (voir les pages 16 et 17).

La maille endroit (abréviation : m. end.)

La maille endroit est le point le plus élémentaire et le plus simple à apprendre. Une fois que vous vous serez exercé au montage de mailles sur deux aiguilles (voir page 17), vous remarquerez que la maille endroit s'exécute pratiquement de la même manière. Chaque maille se réalise en tirant une boucle vers soi à travers la première maille tricotée.

1 Tenez le fil et les aiguilles de la manière avec laquelle vous êtes le plus à l'aise pour tricoter les mailles montées. Celles-ci doivent être poussées à travers l'aiguille gauche tout en tendant le fil entre les doigts (voir page 15). Placez le fil derrière l'aiguille droite. Piquez celle-ci, de gauche à droite, dans la première maille de l'aiguille gauche, de manière à ce que la pointe de l'aiguille droite vienne croiser à l'arrière l'autre aiguille.

2 Enroulez le fil avec l'index en arrière de l'aiguille droite et remontez-le entre les deux aiguilles de gauche à droite.

3 Tirez cette boucle vers vous à l'aide de l'aiguille droite à travers la première maille de l'aiguille gauche. On obtient ainsi une nouvelle boucle sur l'aiguille droite.

4 Laissez glisser la maille de l'aiguille gauche pour terminer la maille endroit.

5 Répétez cette opération pour chacune des mailles de l'aiguille gauche jusqu'à tricoter entièrement un rang de mailles endroit. Tournez l'ouvrage en sens inverse de manière à tenir dans la main gauche l'aiguille portant les mailles. Tricotez un autre rang à l'identique. Poursuivez ainsi et vous obtiendrez un tricot extensible qui à la même apparence des deux côtés et dont le point se nomme point mousse.

La maille envers (abréviation : m. env.)

La maille envers est l'autre point qui constitue la base du tricot. Chaque maille est formée en tirant une boucle vers soi à travers la première maille travaillée. Ce point peut sembler à priori légèrement plus difficile à exécuter que celui de la maille endroit, mais en fait, on obtient exactement ce que donne l'envers du point endroit. Dès que vous maîtrisez les points endroit et envers, vous pouvez alors vous lancer peu à peu dans le jersey endroit, dans les côtes et d'autres points à motif. Commencez par monter entre 15 et 20 mailles sur l'aiguille gauche pour vous préparer à pratiquer la maille envers.

1 Tenez le fil et les aiguilles de la manière avec laquelle vous êtes le plus à l'aise pour tricoter les mailles montées. Celles-ci doivent être poussées à travers l'aiguille gauche tout en tendant le fil entre les doigts (voir page 15). Placez le fil devant l'aiguille droite. Piquez celle-ci, de droite à gauche, dans la première maille de l'aiguille gauche, de manière à ce que la pointe de l'aiguille droite vienne croiser à l'avant l'autre aiguille.

2 Enroulez le fil avec l'index en arrière de l'aiguille droite et remontez vers l'avant.

3 Tirez cette boucle vers l'arrière à l'aide de l'aiguille droite à travers la maille de l'aiguille gauche. On obtient ainsi une nouvelle boucle sur l'aiguille droite.

4 Laissez glisser la maille de l'aiguille gauche pour terminer la maille envers.

5 Répétez cette opération pour chacune des mailles de l'aiguille gauche jusqu'à tricoter entièrement un rang. Tournez l'ouvrage et tricotez un autre rang de mailles envers. Vous constaterez que chaque rang tricoté en mailles envers ressemble au point mousse (tous les rangs tricotés en mailles endroit). En combinant les points endroit et envers, vous pouvez créer d'autres motifs.

Modèles de points

La combinaison des mailles endroit et envers permet de former différents modèles de points. Les points les plus couramment employés sont le jersey endroit, qui se tricote rapidement et donne une surface lisse, et les côtes lesquelles servent souvent à créer des bordures élastiques lors de la fabrication de vêtements tricotés. Elles ont l'avantage d'offrir une bonne tenue et les bords ne roulent pas sur l'envers.

Jersey endroit

Le jersey endroit est la combinaison la plus connue des mailles endroit et envers. Il se réalise en tricotant alternativement un rang en mailles endroit et un rang en mailles envers, ce qui offre au tricot toute la souplesse voulue. L'endroit du point jersey se reconnaît, en particulier, par les rangs formés de mailles en V. Le rang en mailles endroit correspond à l'endroit du rang en jersey, puisque le côté au motif en V de l'ouvrage se présente à vous au moment de l'exécution de ce rang. L'autre côté du jersey est ondulé et se présente à vous par un rang à l'envers (une fois le rang en mailles envers terminé). En général, il est indiqué de commencer le jersey endroit en tricotant le rang en mailles endroit.

Jersey envers

L'envers du point jersey correspond au côté en mailles envers, c'est-à-dire la partie ondulée ou bosselée qui se présente à vous lorsque vous tricotez un rang en mailles envers. Ce point s'appelle le jersey envers quand il se porte à l'endroit. En général, il est indiqué de commencer le jersey envers en tricotant le rang en mailles envers.

Les côtes

Les côtes se réalisent en tricotant des mailles endroit et envers sur le même rang. Le motif créé donne des lignes verticales où s'alternent des mailles endroit lisses et des mailles envers bosselées sur le devant du tricot. On obtient ainsi un tricot élastique qui s'étire dans le sens de la largeur et dont les bords ne roulent pas sur l'envers. Ce point s'emploie donc couramment pour les bords comme la bordure inférieure, les poignets ou la bande d'encolure. Les côtes se tricotent habituellement avec des aiguilles plus fines que celles qui servent à monter le tricot en jersey endroit. On obtient ainsi une finition plus serrée et plus nette. Pour réaliser un tricot côtelé, les mailles endroit qui sont tricotées au 1er rang sont tricotées en mailles envers au 2e rang et inversement.

Côtes 1/1 (1 m. end., 1 m. env.)
Montez un nombre égal de m.
1er rg : *1 m. end., 1 m. env., répétez de * jusqu'à la fin.
Répétez ce rg.

Côtes 2/2 (2 m. end., 2 m. env.)
Montez un multiple de 4 m.
1er rg : *2 m. end., 2 m. env., répétez de * jusqu'à la fin.
Répétez ce rg.

D'autres modèles de points

Il est possible de réaliser d'autres modèles de points en combinant, de différentes façons, les mailles endroit et les mailles envers. Le point de riz est souvent employé pour les bordures et les lisières fermes et non élastiques, puisqu'il présente une surface rectiligne et une texture bosselée. Les mailles endroit, qui sont tricotées sur le premier rang (sur l'endroit), le sont également sur le deuxième rang (sur l'envers) et les mailles envers, qui sont tricotées sur le premier rang, le sont également sur le deuxième rang. On obtient des mailles envers qui s'alternent à la fois horizontalement et verticalement. Notez qu'il s'agit du même motif que celui des côtes 1/1, mais on ajoute une maille supplémentaire pour créer un nombre de mailles impair, ce qui donne un effet complètement différent. Les côtés endroit et envers du tricot sont identiques.

Point de riz

Montez un nombre de mailles impair.
1er rg : *1 m. end., 1 m. env., répétez de * jusqu'à la dernière m., 1 m. end. Répétez ce rg.

Conseil professionnel

Lorsque vous travaillez sur le même rang des mailles endroit et envers, il importe d'amener le fil vers l'avant devant une maille envers et vers l'arrière devant une maille endroit. Sinon vous obtiendrez par mégarde des mailles ou des boucles supplémentaires, et le travail sera déformé.

Raccorder la laine

Il vous faudra raccorder la laine soit pour changer de coloris ou pour entamer une nouvelle pelote. Choisissez toujours le début d'un rang pour le faire. Pour savoir si vous disposez d'assez de laine pour terminer un rang, assurez-vous que la laine restante mesure quatre fois la largeur de l'ouvrage ; mesure qui va également pour la plupart des modèles de points. Si vous tricotez un point très en relief, il vous faudra probablement plus de laine. Dans ce cas, au début d'un rang, lorsque vous pensez avoir assez de laine pour réaliser deux autres rangs, faites un nœud coulant exactement à la moitié du fil restant et tricotez le rang. Si vous atteignez le nœud coulant avant même de finir le rang, défaites le nœud et poursuivez jusqu'à la fin de celui-ci et raccordez un nouveau fil pour le rang suivant.

Afin de conserver une bonne tension des mailles au moment d'entamer une nouvelle pelote, vous pouvez nouer le nouveau fil à l'ancien. Le nœud peut être défait au moment de rentrer les fils, une fois la pièce terminée (voir page 29).

Nouez le nouveau fil à l'ancien, en laissant une longueur d'environ 15 cm (6 po). Attachez le nœud juste au-dessus de la prochaine maille à tricoter et commencez le rang suivant avec la nouvelle pelote. Tenez le fil libre dans votre main sans qu'il vienne vous gêner pour tricoter les toutes premières mailles.

Rabattre les mailles

Voici la manière la plus facile pour arrêter les mailles après avoir terminé le dernier rang de tricot. Elle sert également à arrêter un groupe de mailles pour former le tricot. La partie rabattue doit être aussi souple que le reste du tricot. Il importe de ne pas trop serrer, particulièrement pour un bord qui, en principe, doit resté souple comme la bande d'encolure. Pour cette technique, il faut toujours tricoter la maille comme elle se présente : à l'endroit pour un rang endroit ou à l'envers pour un rang envers. Pour rabattre les mailles d'autres motifs, respectez le motif en question, comme rabattre dans le « sens des côtes » après un rang côtelé.

Rabattre les mailles endroit

1 Tricotez normalement les deux premières mailles à arrêter. Piquez avec l'aiguille gauche dans la première maille de l'aiguille droite.

2 Passez cette maille par-dessus la seconde maille de l'aiguille droite en la soulevant.

3 Il reste une maille sur l'aiguille droite et la première maille a été rabattue.

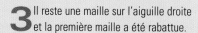

4 Tricotez la maille suivante, vous obtenez ainsi deux mailles sur l'aiguille droite. Passez la première maille par-dessus la seconde maille en la soulevant comme à l'étape 2, en laissant une maille sur l'aiguille droite. Répétez cette opération jusqu'à obtenir le nombre de mailles à rabattre voulu. Si vous ne rabattez pas toutes les mailles, par exemple pour former l'emmanchure, continuez à tricoter le rang normalement. Si, au contraire, vous rabattez la totalité des mailles, une maille restera sur l'aiguille droite. Coupez le fil en laissant environ une longueur de 15 cm (6 po).

5 Retirez l'aiguille et passez la longueur de fil restante à travers la dernière maille. Tirez sur le fil fermement pour arrêter.

Rabattre les mailles envers

Il peut vous être demandé de rabattre des mailles envers. Tricotez simplement à l'envers les deux premières mailles, comme d'habitude, et suivez les explications sur l'arrêt des mailles endroit. Tricotez les mailles à l'envers au lieu de les tricoter à l'endroit.

Former le tricot

Tricoter permet de donner la forme que vous voulez à l'ouvrage en cours. Le fait d'augmenter ou de diminuer le nombre de mailles dans un rang permet d'élargir ou de rétrécir un tricot à volonté. Cette technique s'effectue en général au début ou à la fin d'un rang, mais il arrive parfois qu'elle se fasse aussi au milieu du tricot. Plusieurs méthodes sont expliquées ici; chacune sert à former les différentes parties d'un vêtement ou à apporter divers détails au tricot. Les augmentations et les diminutions peuvent s'effectuer à partir d'une ou de plusieurs mailles à la fois au début ou à la fin d'un rang. Cela donne un bord plus net pour prendre les mailles et les coudre. Cette technique de maille est appelée « fully-fashioned », sert parfois d'élément décoratif.

Augmenter

Augmenter le nombre de mailles dans un rang élargira le tricot. L'abréviation utilisée en général pour augmenter est « aug. ».

Augmentation barré simple à l'endroit (tricoter à l'endroit dans le brin avant et le brin arrière de la maille (abréviation : aug. 1 m. à l'end.).

1 Piquez l'aiguille droite dans la maille comme pour tricoter à l'endroit.

2 Tricotez normalement cette maille à l'endroit, mais sans la laisser tomber de l'aiguille gauche.

3 Piquez l'aiguille droite à l'arrière de cette même maille sur l'aiguille gauche, de droite à gauche.

4 Enroulez le fil autour de l'aiguille droite et tirez la nouvelle maille à travers, vous obtenez ainsi une autre maille sur l'aiguille droite. Faites glisser la première maille de l'aiguille gauche. Vous avez créé deux mailles en plus de la première. L'augmentation apparaît sous la forme d'une barre sous la seconde maille.

Augmentation barrée simple à l'envers (tricoter à l'envers dans le brin avant et le brin arrière de la même maille (abréviation : aug. 1 m. à l'env.).

1 Piquez l'aiguille droite dans la maille comme pour tricoter à l'envers.

2 Tricotez normalement cette maille à l'envers, mais sans la laisser tomber de l'aiguille gauche

3 Piquez l'aiguille droite à l'arrière de la même maille, de droite à gauche (assurez-vous que l'aiguille droite arrive devant l'aiguille gauche).

4 Enroulez le fil autour de l'aiguille une nouvelle fois et tricotez à l'envers la maille. Laissez tomber la première maille de l'aiguille gauche. Vous obtenez deux mailles en plus de la première. L'augmentation apparaît sous la forme d'une barre sous la seconde maille.

Augmentation intercalaire simple

Cette méthode est souvent employée pour faire des augmentations au milieu d'un rang, car on obtient une finition d'une parfaite netteté. Le brin entre deux mailles du rang précédent est soulevé et une maille est formée à l'arrière de celui-ci. Il ne faut jamais procéder en avant du brin pour éviter de former un trou.

Augmenter 1 maille intercalaire à l'endroit (abréviation : brin arr.).

1 Tricotez jusqu'à l'endroit vous comptez faire l'augmentation. Piquez l'aiguille droite sous le brin ou la boucle horizontal entre les mailles, de l'avant vers l'arrière.

2 Piquez l'aiguille gauche de l'avant vers l'arrière à travers la boucle et faites glisser la boucle sur l'aiguille gauche.

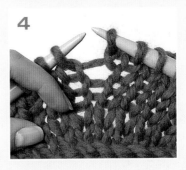

3 Piquez l'aiguille droite à l'arrière de cette nouvelle maille, de droite à gauche. La boucle doit être retournée sur l'aiguille gauche, comme l'indique la photo.

4 Tricotez dans la boucle normalement, ce qui permet de former une maille supplémentaire sur l'aiguille droite et de laissez tomber la boucle de l'aiguille gauche.

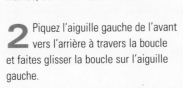

Augmenter 1 maille intercalaire à l'envers

Sur un rang à l'envers, suivez les deux premières étapes de la technique sur la manière d'augmenter une maille sur un rang à l'endroit, puis continuez ainsi :

1 Piquez l'aiguille droite de l'arrière à l'avant (gauche à droite) à l'arrière de la boucle.

2 Tricotez une maille à l'envers à l'arrière de la boucle, ce qui permet de former une maille supplémentaire sur l'aiguille droite et de laissez tomber la boucle de l'aiguille gauche.

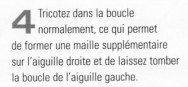

Augmentation multiple

Une simple augmentation de mailles par montage peut servir à faire une augmentation multiple sur le bord du tricot. Pour cela, on a recours à la même technique de montage expliquée dans la méthode du pouce (voir page 16).

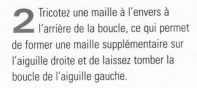

Tenez l'aiguille qui porte les mailles dans votre main droite et enroulez le fil de travail autour de votre pouce gauche, de gauche à droite. Piquez l'aiguille droite dans la boucle de droite à gauche et faites glisser la boucle sur l'aiguille droite. Tirez légèrement pour resserrer et répétez l'opération jusqu'à obtenir le nombre de nouvelles mailles voulu.

Diminution

Diminuer le nombre de mailles dans un rang permet de rétrécir le tricot afin de réaliser la forme voulue d'un vêtement ou encore d'obtenir des mailles décoratives. Les mailles diminuées forment une inclinaison qui penche à droite ou à gauche, selon la technique utilisée. Si ces diminutions sont employées dans un but décoratif, il est d'usage d'équilibrer les inclinaisons réalisées à gauche et à droite dans un souci de symétrie. La façon la plus simple de diminuer des mailles consiste à tricoter, à l'endroit ou à l'envers, deux mailles à la fois. Lorsque vient le moment de donner une forme au vêtement, les diminutions sont habituellement travaillées à l'endroit, mais il arrive aussi de les travailler à l'envers, si cela s'impose.

Diminutions avec inclinaison à droite

Tricoter deux mailles ensemble comme à l'endroit (abréviation : 2 m. ens. à l'end.).
Ce type de diminution incline les mailles de gauche à droite sur un rang à l'endroit.

1 Piquez l'aiguille droite comme à l'endroit (de gauche à droite) dans les deux mailles suivantes de l'aiguille gauche.

2 Tricotez à l'endroit ces deux mailles ensemble comme s'il s'agissait d'une seule maille.

Tricoter deux mailles ensemble comme à l'envers (abréviation : 2 m. ens. à l'env.).
L'illustration montre comment commencer un rang à l'envers.

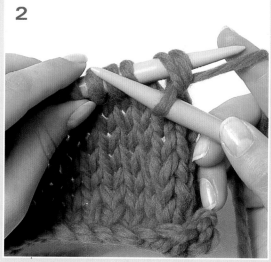

Cette diminution incline aussi les mailles de droite à gauche, si l'on regarde du côté endroit. Cela ressemble au 2 m. ens. à l'end., sauf que l'on tricote sur un rang à l'envers.

1 Piquez l'aiguille droite en glissant une maille à l'envers (de droite à gauche) dans les deux mailles suivantes de l'aiguille gauche.

2 Tricotez à l'envers ces deux mailles ensemble comme s'il s'agissait d'une seule maille.

Diminutions avec inclinaison à gauche

Glisser 1 maille, tricoter 1 maille endroit, faire passer la maille glissée par-dessus la maille tricotée (dim. 1 m. à l'end.).

Ces illustrations montrent comment travailler les deux dernières mailles d'un rang à l'endroit.

1 Piquez l'aiguille droite en faisant glisser une maille comme à l'endroit (de gauche à droite) dans la maille suivante de l'aiguille gauche. Faites glisser la maille sur l'aiguille droite sans la tricoter (1 m. gl. end.).

2 Tricotez normalement la maille suivante (1 m. end.).

3 Piquez l'aiguille gauche dans la maille glissée.

4 Soulevez la maille glissée et faites-la passer par-dessus la maille tricotée et laissez-la tomber, si vous arrêtez les mailles (dim 1 m. à l'end.). Une maille vient d'être diminuée. On obtient ainsi une diminution avec inclinaison à droite ou à gauche, si l'on regarde du côté endroit du tricot.

Tricoter à l'envers deux mailles ensemble dans les brins arrière des deux mailles (abréviation : dim. 1 m. 2 m. torses ens. à l'env.).

Ces illustrations montrent comment travailler les deux dernières mailles d'un rang à l'envers.
Cette diminution forme également une inclinaison de droite à gauche, si l'on regarde du côté endroit du tricot.

1 Sur un rang à l'envers, piquez l'aiguille droite à l'arrière du tricot, de gauche à droite, dans les deux mailles suivantes de l'aiguille gauche.

2 Tricotez à l'envers les deux mailles ensemble comme s'il s'agissait d'une seule maille.

La tension

La tension d'une pièce de tricot correspond au nombre de mailles et de rangs en fonction d'une dimension précise, en général 10 cm (4 po), et elle est réalisée à partir d'un modèle de point établi. Pour obtenir de bons résultats, les modèles recommandent une tension qu'il faut suivre. Si vous ne vous y conformez pas, le tricot une fois terminé n'aura pas la bonne dimension. Bien qu'un modèle spécifiera le numéro d'aiguilles en fonction de la laine à tricoter, il reste que cette information est donnée à titre indicatif. Un jeu d'aiguilles de taille légèrement différente pourrait donc être nécessaire pour obtenir la même tension. Il importe de monter un échantillon afin de vérifier la tension avant de commencer le tricot envisagé. À l'aide de la laine que vous avez choisie pour tricoter votre ouvrage et des aiguilles à taille spécifique, montez quelques mailles supplémentaires plutôt que le nombre proposé pour l'échantillon de 10 cm (4 po). Veillez à monter le bon nombre de mailles pour tricoter à l'identique le modèle de point. Tricotez quelques rangs supplémentaires plutôt que le nombre donné à titre indicatif, car les mailles des bords se déformeront probablement. S'il y a lieu, mettez l'échantillon en forme comme il est recommandé de le faire pour les parties terminées du tricot.

1 Mettez l'échantillon à plat, côté endroit, sur une surface plane et à l'aide d'un mètre de couturière ou d'une règle mesurez précisément 10 cm (4 po) en suivant un rang entier de mailles au milieu de l'échantillon. Indiquez cette distance par deux épingles. Comptez le nombre de mailles entre les épingles, y compris les mailles partielles. Cette mesure correspond au nombre de mailles pour 10 cm (4 po).

2 Maintenant, de la même manière, mesurez 10 cm (4 po) en suivant une colonne de mailles au milieu du tricot. Comptez le nombre de rangs entre les épingles. Ce chiffre correspond au nombre de rangs pour 10 cm (4 po). Pour certains points en relief, il vous sera plus facile de compter les rangs sur l'envers de l'échantillon.

Remplacement de la laine tricotée par une autre laine

Vous pouvez suivre un modèle quelle que soit la laine choisie, en autant qu'elle corresponde parfaitement à la tension. Si vous envisagez d'utiliser une autre laine, vérifiez les indications figurant sur l'étiquette de la pelote et essayez de faire correspondre, au plus près possible du modèle, la tension et la taille des aiguilles recommandées. Si vous avez un doute, n'achetez qu'une seule pelote et vérifiez ce qu'elle donne avec la tension avant d'acheter le nombre de pelotes nécessaires.

Finition et assemblage

La plupart des tricots doivent être mis en forme avant d'être cousus. Cette opération consiste à épingler et à assembler ensuite les pièces selon leur taille et leur forme. Cela permet également d'aplanir les mailles et d'empêcher les bordures de rouler sur l'envers, ce qui les rend plus facile à coudre ensemble. Il est préférable de ne pas repasser certaines mailles en relief ou certaines parties de vêtement, comme par exemple les bordures côtelées, les torsades et les motifs en relief .

Mise en forme

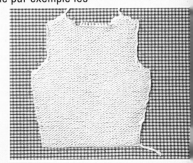

Il vous faudra une surface plane sur laquelle vous épinglerez les pièces du tricot. Une planche à repasser convient aux tricots de petites dimensions, mais vous aurez recours à une planche de mise en forme pour les plus grands. Une toile quadrillée vous permettra d'étendre le tricot droit. Mettez le tricot, côté envers, sur la planche de mise en forme et épinglez-le pour lui donner sa forme, sans étirer les rangs et les mailles. Posez les épingles perpendiculairement tout autour des bords devant être mis en forme.

Méthode d'humectage par vaporisation

Cette méthode convient aux tricots texturés et aux laines synthétiques et duveteuses qui ne doivent être ni pressés ni repassés à la vapeur. Utilisez un vaporisateur d'eau pour bien humidifier le tricot. Assurez-vous de faire pénétrer de part en part l'humidité dans la maille, en exerçant une légère pression avec la main ou à l'aide d'un tissu humide. Laissez le tricot épinglé sur la planche jusqu'à ce qu'il soit complètement sec.

Méthode de la vapeur

Vous pouvez utiliser un fer à vapeur pour les tricots avec ou sans relief ou une serviette de coton humide et un fer chaud pour les tricots sans relief afin de donner aux pièces leur forme sous la vapeur. Si vous utilisez un fer à repasser, effleurez la surface du tricot, mais ne le mettez pas en contact. Déplacez le fer doucement et régulièrement au-dessus du tricot jusqu'à l'humidifier entièrement, puis laissez-le sécher à l'air libre avant de retirer les épingles. Si vous utilisez un tissu humide, recouvrez le tricot épinglé d'une pattemouille humide et appuyez régulièrement par petites pressions légères sans insister. Dès que le tricot est humidifié à la vapeur, laissez-le sécher avant d'ôter les épingles.

Rentrer les fils

Les fils sont laissés en attente à chaque fois qu'il faut changer de coloris, raccorder une nouvelle pelote ou coudre des bords. Assurez-vous que ces fils aient au moins 15 cm (6 po) de longueur pour les coudre sans difficultés avec une aiguille à canevas et les rentrer sur l'envers du tricot. Évitez de faire des nœuds avec, car ils peuvent à la longue se détendre ou ressortir sur l'endroit.

Rentrer les fils en les faisant suivre un rang

1 Dénouez les fils de laine avant de les rentrer. Enfilez le fil restant dans une aiguille à canevas et piquez à l'arrière des mailles de même couleur, en rentrant et en sortant le fil sur environ quatre ou six mailles.

2 Repassez l'aiguille en sens inverse, en piquant dans le fil déjà rentré sur deux mailles pour bien arrêter le fil. Étirez le tricot dans le sens de la largeur et coupez le bout.

Rentrer les fils en les faisant suivre en lisière

Il est possible de faire suivre les fils en lisière sur le bord d'un tricot. Enfilez le fil restant dans une aiguille à canevas et passez entre les mailles en sortant et en entrant à l'intérieur du bord de la lisière du tricot sur environ 6 ou 8 cm (2½ ou 3 po). Faites sortir le fil et coupez-le.

Couture au point de matelas — assembler deux bords

La couture se fait idéalement avec le même fil avec lequel le vêtement a été tricoté. Toutefois, si la laine est très texturée ou si elle n'a pas de tenue, il est préférable d'utiliser un fil plus fin et plus lisse dans un coloris similaire. Il n'est pas recommandé de coudre avec les fils libres laissés en cours de tricotage, car si vous faites une erreur et qu'un bord doit être décousu, vous pourriez accidentellement couper le tricot. Utilisez toujours une aiguille à canevas émoussé ou une aiguille à raccommodage dont la grosseur correspond à celle de la laine. Le point de matelas est le point idéal pour assembler les bords de la plupart des tricots, si les deux parties à assembler ont le même nombre de rangs. Cette couture peut être effectuée sur une maille entière ou une demi-maille à partir du bord, selon le poids de la laine utilisée. La plupart des grosses laines doivent être cousues à une demi-maille du bord pour ne ajouter trop d'épaisseur. Pour les laines plus fines, suivez la même opération, mais travaillez à une maille entière du bord. Le point de matelas donne une couture nette, pratiquement invisible sur l'endroit du tricot.

1 Mettez les pièces devant être assemblées à plat, côte à côte, côté endroit face à vous. Laissez le fil derrière le tricot pour le rentrer plus tard. Passez l'aiguille devant en la ressortant au milieu de la première maille du bord rabattu (ou entre les deux premières) du premier rang du bord.

2 Piquez l'aiguille, côté endroit, au milieu de la première maille de l'autre pièce à assembler et faites-la ressortir au milieu de la maille lisière un rang au-dessus.

3 Repiquez l'aiguille dans la première pièce, côté endroit, au même endroit où le fil est ressorti précédemment de ce bord. Faites ressortir l'aiguille un rang au-dessus de ce point.

4 Répétez cette opération, en faisant un zigzag sur plusieurs rangs, en passant d'un côté puis de l'autre.

5 Renforcez la lisière en passant le fil à travers. Tenez le fil libre et continuez à coudre. La couture ne doit pas apparaître sur l'endroit du tricot. Lorsque l'assemblage est terminé, rentrez les fils pour arrêter les mailles et obtenir une finition impeccable.

Couture au point de matelas — assembler les mailles aux rangs

Le point de matelas est aussi utile pour assembler un bord rabattu à un bord latéral, par exemple pour assembler une manche à son emmanchure. Le nombre de mailles et de rangs à assembler ne correspondra pas parfaitement, il serait donc préférable d'épingler le bord avant de le coudre ou encore d'en commencer la couture au milieu et de travailler dans une seule direction à la fois.

1 Mettez les deux pièces à plat, côte à côte. Laissez le fil derrière le tricot pour le rentrer plus tard. Passez l'aiguille devant au milieu de la première maille du bord rabattu. Piquez celle-ci au milieu de la première maille du rang opposé et faites-la ressortir de nouveau un rang au-dessus de ce point.

2 Repiquez l'aiguille au milieu de la même maille du bord rabattu et faites-la ressortir au milieu de la maille suivante.

3 Répétez cette opération sur quelques mailles en faisant un zigzag. De temps en temps, redressez la situation, pour les quelques mailles ou rangs dont le nombre diffère, en prenant deux brins à la fois du bord du tricot.

4 Tirez sur le fil pour resserrer la couture qui ne doit pas apparaître à l'endroit. Cousez sur toute la longueur de la même façon. Une fois la couture terminée, rentrez les fils pour arrêter les mailles et obtenir une finition impeccable.

Couture au point arrière

Pour de nombreux modèles, il est recommandé d'assembler les bords au point arrière, bien qu'il ne convienne pas toujours à la grosse laine qui ajoute de l'épaisseur. Ce point donne un assemblage solide et qui a de la tenue. Il est employé pour la couture des épaules et également pour la pose de fermeture.

1 Mettez les pièces à assembler à plat et épinglez chaque bord endroit contre endroit. Piquez l'aiguille et ressortez-la entre la première et la seconde maille des deux pièces, en laissant le fil libre derrière. Passez l'aiguille par-dessus le bord et rentrez-la au même endroit que précédemment pour arrêter la première maille.

2 Passez l'aiguille par-dessus le bord une nouvelle fois et ramenez-la devant à une maille tricotée de la première maille.

3 Piquez l'aiguille dans le tricot juste derrière la dernière maille cousue, passez-la derrière le tricot sur deux mailles et ramenez-la devant.

4 Répétez l'étape 3 en suivant le bord. Rentrez tous les fils entre les mailles pour obtenir une finition impeccable.

Projets de tricot

PROJET 1 : Écharpe de laine moelleuse

Cette écharpe chaude et en grosse laine suit tout à fait le style actuel des podiums : longue, côtelée, rayée et pourvue de poches profondes. Un projet parfait pour commencer, vous pouvez tricoter comme bon vous semble : tricoter du début à la fin pelotonné devant votre émission-télé préférée et stupéfier vos amis le lendemain matin. Voilà, vous savez tricoter, la preuve n'est plus à faire !

Fournitures

120 m (131 v) de laine super épaisse filetée, couleur A
160 m (175 v) de laine super épaisse, couleur B
Laine à fil lisse pour réaliser les contrastes au point surjet
1 paire d'aiguilles 15 mm (N° 19)
1 aiguille à canevas
Quelques épingles de sûreté

Échantillon

En côtes 2/2 sur des aiguilles 15 mm (N° 19) :
8 à 9 mailles et 9 à 10 rangs de 10 cm (4 po)

Dimensions

Environ 20 cm (8 po) sur 160 cm (48 po) avec les poches cousues.

Abréviations

end. – endroit ; **env.** – envers ; **m.** – maille(s)

Réalisation de l'écharpe

Montez 18 m. en laine A avec les aiguilles 15 mm (N° 19) en vous basant sur la méthode de montage sur deux aiguilles. L'écharpe est tricotée en côtes 2/2 tout au long.

1er rg : 2 m. end., (2 m. env., 2 m. end.) jusqu'à la fin. Cela signifie qu'il faut tricoter à l'endroit les deux premières mailles, puis à l'envers les deux mailles suivantes et à l'endroit les deux mailles suivantes jusqu'à la fin du rang. (Les deux dernières mailles sont à tricoter à l'endroit.)

2e rg : 2 m. env., (2 m. end., 2 m. env.) jusqu'à la fin. Cela signifie qu'il faut tricoter à l'envers les deux premières mailles, puis à l'endroit les deux mailles suivantes et à l'envers les deux mailles suivantes jusqu'à la fin du rang.

Répétez le 1er et 2e rang en côtes 2/2 pour toute la longueur de l'écharpe.

Continuez en couleur A jusqu'au 4e rg.

Motif à rayures

Les indications pour raccorder une nouvelle laine sont données à la page 21.

5e rg : changez de couleur de laine pour créer un motif à rayures de la façon suivante :
4 rgs en couleur B
2 rgs en couleur A
4 rgs en couleur B
4 rgs en couleur A

Répétez 12 fois le motif à rayures de 14 rangs et finissez par une dernière rayures de 4 rgs en couleur A.

Vous obtenez au total 186 rangs et l'écharpe doit mesurer environ 190 cm (75 po). Rabattez dans le sens des côtes en laine A (page 22).

Finitions

Cousez les deux extrémités en suivant les explications de la page 36.

Poches

Repliez l'écharpe aux deux extrémités au niveau du 18e rang pour réaliser les poches profondes.

Maintenez ces parties en place avec des épingles de sûreté.

Utilisez une laine de couleur contrastée et cousez les poches au point surjet en commençant par le coin inférieur et sur l'endroit pour que ce point soit visible. (voir page 37).

Coudre les fils libres

Idéalement, les fils libres sont dissimulés sur l'envers du tricot, mais, dans le cas de l'écharpe, les deux côtés étant visibles, chacun doit être présentable. Travailler une laine très épaisse ne va pas sans difficultés, car les fils à cacher ajoutent de l'épaisseur. Pour cette écharpe côtelée, il est préférable de les dissimuler sur l'envers du tricot. Rentrez toujours les fils dans le tricot avec la même couleur de laine que celui-ci.

1 Enfilez le fil dans l'aiguille à canevas à gros chas et passez-le dans deux mailles lisières de la même couleur, en le rentrant et en le sortant, sur l'envers des côtes.

2 Piquez l'aiguille sur l'envers de deux mailles consécutives et tirez le fil à travers.

3 Revenez en arrière et piquez dans le fil rentré, séparez le brin en deux. Le fil ainsi ne se détendra pas à la longue.

4 Étirez légèrement le tricot de manière à ce que le fil rentré ne soit pas trop tendu, sinon l'écharpe se déformerait.

5 Coupez le bout et répétez cette opération pour tous les autres fils.

Coudre les poches au point surjet

Le point surjet est parfois employé en couture à des fins décoratives pour coudre et faire les finitions des bordures de tricot. Choisissez un fil de même poids dans une couleur contrasté ou similaire. Évitez d'utiliser des fils très filetés ou irréguliers qui se travaillent difficilement.

1 Épinglez le tricot pour l'assemblage, envers sur envers, en superposant les bords. Avec la laine très épaisse, il est souvent plus facile d'utiliser des épingles de sûreté plutôt que des épingles de couture qui peuvent passer à travers le tricot. Commencez par le coin inférieur, assurez-vous que le nœud soit à l'intérieur de la poche et passez l'aiguille sur le devant du tricot.

2 Passez le fil par-dessus le bord sur l'envers de l'écharpe, sur deux rangs qui se suivent et piquez l'aiguille dans l'épaisseur des deux pièces en la ressortant devant. Répétez cette opération, en vous déplaçant un autre deux rangs en suivant le bord pour chaque maille. Tirez la laine pour resserrer fermement les mailles qui entourent le bord de la couture, l'arrêtant ainsi.

3 Travaillez ainsi en suivant la lisière jusqu'à arriver au coin supérieur de la poche.

4 Cousez une nouvelle fois par-dessus la maille en coin en l'arrêtant. Tirez la laine pour serrer cette maille et la renforcer à ce niveau. Cousez de la même façon au point surjet le bord à simple épaisseur du haut de la poche, sur toute la longueur. Arrêtez l'autre coin avant de redescendre en cousant le côté opposé de la poche. Retournez la poche à l'intérieur pour arrêter le fil sur l'envers.

PROJET 2 : Sac à bandoulière

Ce sac à longue bandoulière est une version actualisée en grosse laine du style hippie chic. Exercez-vous à exécuter des détails faciles comme la poche sac et la patte-boutonnière ou la fermeture par liens afin de parfaire le look. Des techniques simples de diminutions sont employées pour obtenir cette ampleur de sac.

Fournitures

280 m (310 v) de super grosse laine mélangée
Bouton façon bois type duffle-coat ou simple bouton
1 paire d'aiguilles 8 mm (N° 11)
1 paire d'aiguilles 10 mm (N° 15)
1 aiguille à laine à gros chat

Échantillon

En jersey endroit sur des aiguilles de 10 mm (N° 15) :
    9 mailles et 12 rangs de 10 cm (4 po)

Dimensions

Largeur : 46 cm (18 po)
Profondeur : 32 cm (12½ po)

Abréviations

end. – endroit; **env.** – envers; **m.** – maille(s); **côté end.** – côté endroit; **côté env.** – côté envers;
2 m. ens. à l'end. – 2 mailles ensemble à l'endroit;
2 m. ens. à l'env. – 2 mailles ensemble à l'envers;
1 j. – passer le fil devant l'ouvrage pour faire 1 jeté.

Réalisation du sac
Devant

Montez 42 m. sur des aiguilles 8 mm (N° 11).

Bord supérieur côtelé

Tricotez des côtes 2/2 de la manière suivante :
1er rg : (2 m. end., 2 m. env.) jusqu'aux
        2 dernières m., 2 m. end.
2e rg : (2 m. env., 2 m. end.) jusqu'aux
        2 dernières m., 2 m. env.
Répétez ces 2 rgs trois fois jusqu'au 8e rg.

Partie principale du sac

Tricotez en jersey end. de la manière suivante :
Passez des aiguilles 18 mm (N° 11) au jeu d'aiguilles
    10 mm (N° 15).
9e rg : tricotez toutes les m. à l'endroit côté end.
    Passez des aiguilles 18 mm (N° 11) au jeu
    d'aiguilles 10 mm (N° 15).

10e rg : tricotez toutes
    m. à l'envers côté env.
Tricotez ainsi jusqu'au
    33e rg avec les aiguilles
    10 mm (N° 15).

Façonnage du fond

34e rg : (côté env.) 2 m. env., * (2 m. ens. à l'env.,
    1 m. env.), répétez de * jusqu'à la dernière m.,
    tricotez la dernière m. à l'envers.
13 m. ont été supprimées et il reste 29 m.
35e rg : m. end.
36e rg : m. env.
37e rg : m. end.
38e rg : m. env.
39e rg : m. end.
40e rg : m. env.
Rabattez toutes les m.

Derrière

Répétez le même motif que devant.

Poche
Bord supérieur côtelé

Montez 14 m. sur les aiguilles 8 mm (N° 11).
Tricotez 8 rgs en côtes 2/2 comme le 1er et 2e rang
    du devant.

Jersey endroit

9e rg : passez aux aiguilles 10 mm (N° 15)
    comme le devant. Tricotez toutes les m.
10e rg : passez aux aiguilles 10 mm (N° 15).
    Tricotez toutes les m. au pt envers.
    Continuez de tricoter en jersey end. sur
    les aiguilles 10 mm (N° 15) jusqu'au 19e rg.
20e rg : (côté env.) 1 m. env., * (2 m. ens. à l'env.,
    1 m. env., répétez de * trois fois, tricotez la
    dernière m. à l'envers. Il vous reste 10 m.
21e rg : m. end.
22e rg : m. env.
Rabattez toutes les m.

Bandoulière

Tricotez deux bandoulières identiques.
Montez 5 m. sur les aiguilles 10 mm (N° 15).
Tricotez 100 rgs en jersey endroit. Rabattez.

Patte de fermeture

Montez 7 m. sur les aiguilles 10 mm (N° 15).
1er rg : 1 m. end., 1 m. env., 3 m. end.,
   1 m. env., 1 m. end.
2e rg : 1 m. env., 1 m. end., 3 m. env.,
   1 m. end., 1 m. env.
Répétez ces deux rangs jusqu'au 16e rg.

Œillet de la boutonnière

17e rg : 1 m. end., 1 m. env., 1 m. end.,
   1 j., 2 m. ens. à l'end., 1 m.env., 1 m. end.
Il doit vous rester 7 m.
18e rg : 1 m. env., 1 m. end., 3 m. env.,
   1 m. end., 1 m. env.
19e rg : 1 m. end., 1 m. env., 3 m. end.,
   1 m. env., 1 m. end.
20e rg : 1 m. env., 1 m. end., 3 m. env.,
   1 m. end, 1 m. env.

Former la patte

21e rg : 2 m. ens. à l'end., 3 m. end.,
   2 m. ens. à l'end. Il reste 5 m.
22e rg : 2 m. ens. à l'env., 1 m. env.,
   2 m. ens. à l'env. Il reste 3 m.
Rabattez les 3 m.

Assemblage

Les bords côtelés forment l'ouverture dans la partie
   supérieure du sac.
Épinglez la poche sur le devant du sac en plaçant
   les côtes vers le haut, et en veillant à bien la
   centrer. Cousez la poche au point surjet, sauf
   la partie supérieure. Assemblez le devant et
   le derrière en cousant les côtés et le fond au
   point de matelas.
Déterminez le milieu du devant et comptez quatre
   mailles consécutives vers la gauche et vers
   la droite sur le premier rang du jersey endroit.
   Indiquez ces endroits par des épingles. Placez les
   extrémités de l'une des bandoulières de chaque
   côté des points épinglés. Assurez-vous qu'elle
   ne soit pas entortillée, épinglez l'extrémité de
   la bandoulière de manière à recouvrir la partie
   côtelée. Cousez-la proprement au point arrière.
   Répétez la même opération pour l'autre

bandoulière sur
   le derrière du sac.
Mettez le sac à plat, le derrière du sac face à vous.
   Épinglez l'extrémité plate de la patte au milieu du sac,
   de manière à recouvrir la partie côtelée. Épinglez aussi
   la partie pointue en la faisant dépasser le bord côtelé,
   côté endroit face à vous. Cousez la patte au point arrière
   sur l'endroit.
Tournez le sac de l'autre côté et laissez tomber la patte.
   Indiquez l'endroit où placer le bouton pour le coudre
   dans le même alignement que la boutonnière et cousez-le
   sur le devant. (Avant de le coudre, assurez-vous que la
   boutonnière soit ajustée au bouton.)

Confectionner un œillet

La technique du jeté est la plus couramment utilisée pour former un petit trou ou œillet dans le tricot. Lorsque vous travaillez avec une laine épaisse, cela donne en général un oeillet assez gros pour servir de boutonnière ou passer des liens. Vérifiez toujours si la grosseur du bouton choisi convient. Cet œillet du jeté correspond en fait à une augmentation effectuée entre deux mailles endroit tricotées côté endroit. Cette technique s'appelle le jeté. Le jeté s'accompagne en général d'une diminution, ce qui fait que vous vous obtenez le bon nombre de mailles à la fin du rang. Dans cet exemple, la diminution est directement tricotée par « 2 mailles ensemble à l'endroit » (2 m. ens. à l'end.) après avoir effectué le jeté. La même méthode du jeté peut aussi servir à créer des oeillets décoratifs en tricotant le point dentelle.

1 Sur un rang à l'endroit, tricotez jusqu'à l'emplacement où vous voulez former un œillet.

2 Faites un jeté entre les deux aiguilles. On forme ainsi le jour du jeté.

3 Tricotez les deux mailles suivantes ensemble à l'endroit (dim. 1 m. à l'endroit) en enroulant le fil derrière l'aiguille droite.

4 Travaillez jusqu'à la fin du rang et, au rang suivant, travaillez avec le jeté comme s'il s'agissait d'une maille.

5 Vous devez avoir le même nombre de mailles sur vos aiguilles.

Des liens au crochet pour la patte

Plutôt que de réaliser une patte à partir d'un œillet, vous pouvez tricoter une paire de pattes avec des liens. Les liens sont crochetés au moyen d'un crochet assez gros pour convenir à votre laine. Les technique du crochet sont souvent employées pour garnir les bordures des tricots.

Montez 5 m.
Tricotez 6 rgs en jersey endroit, en commençant par un rg à l'end.
Le rg suivant : 2 m. ens. à l'end., 1 m. end., 2 m. ens. à l'end. Il reste 3 m.
Tricotez 1 rg à l'env.
Rabattez les 2 m. lisière par-dessus la m. du milieu de la façon suivante :

1 Glissez 1 maille endroit, tricotez la suivante à l'endroit, passez la maille glissée par-dessus.

2 Tournez le tricot de l'autre côté et faites glisser la maille tricotée par-dessus l'aiguille droite avec l'autre maille.

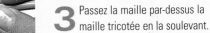

3 Passez la maille par-dessus la maille tricotée en la soulevant.

4 Coupez le fil en laissant une longueur de 30 cm (12 po) et glissez la maille restante sur un crochet.

Crocheter une chaîne de la longueur du lien

1 Tenez fermement la patte dans une main et le crochet de l'autre.

2 Passez le crochet en dessous puis par-dessus la laine et ramenez le crochet dans la maille en tirant le fil. On obtient ainsi une nouvelle maille.

3 Répétez la même opération jusqu'à obtenir la longueur voulue de la chaînette, en laissant 5 cm (2 po) de longueur de fil.

4 Arrêtez en passant le fil à travers la dernière maille de la chaînette.

5 À l'aide du crochet, rentrez le fil libre en l'insérant dans la chaînette tout en remontant celle-ci maille par maille.

Les pattes doivent être cousues de la même manière que la boutonnière, c'est-à-dire au milieu du devant et du derrière du sac, pour attacher les liens dans la partie supérieure du sac.

PROJET 3 : Col roulé raglan pour homme

Ample et masculin, ce raglan à rayures a un style décontracté et sportif.
Le col roulé à grand repli, les poignets et la bordure sont tricotés en côtes
en grosse laine. Vous pouvez aussi réduire la longueur des manches pour
en faire un chandail confortable très lâche pour femme !

Fournitures

Laine mélangée extra épaisse lavable en machine :
Couleur A — 450 (560, 650) m 492 (575, 646) v
Couleur B — 300 (320, 335) m 328 (350, 365) v
1 paires d'aiguilles 8 mm (N° 11)
1 paire d'aiguilles 7 mm (N° 10½) pour les côtes
4 arrête-mailles
1 aiguille à canevas

Échantillon

En jersey endroit sur des aiguilles 8 mm (N° 11) :
   12 mailles et 16 rangs de 10 cm (4 po)

Dimensions

Tour de poitrine réel : 110 (117, 122) cm
   43½ (46, 48 po)
Longueur au milieu du dos : 70 (78, 85) cm
   27½ (31, 33½ po)
Longueur des manches : plus longue 52 cm
   (20½ po) ; plus courte 47 cm (18½ po).
   Poignets repliés pour toutes les tailles.

Abréviations

m. – maille(s) ; **end.** – endroit ; **env.** – envers ;
côté end. – côté endroit ; **jersey end.** – point
jersey ; **dim. 1 m.** –glisser 1 maille, 1 maille
endroit, passer la maille glissée par-dessus la
maille tricotée ; **2 m. ens. à l'end.** – 2 mailles
ensemble à l'endroit ; **2 m. ens. à l'env.** –
2 mailles ensemble à l'envers.

Dos
Côtes 2/2
Montez 66 (74, 82) mailles sur les aiguilles
7 mm (N° 10½) en couleur A.
1er rg : 2 m. end., (2 m. env., 2 m. end.)
jusqu'à la fin du rang.
2e rg : 2 m. env., (2 m. end., 2 m. env.)
jusqu'à la fin du rang.

Répétez jusqu'au
12e rang.

Jersey endroit
Passez aux aiguilles 8 mm (N° 11) tout en
conservant la couleur A. Côté end. en jersey end. :
1er rg : end.
2e rg : env.

Rayures
3e rg : passez à la couleur B et tricotez
   10 rgs en jersey endroit.
Passez à la couleur A et changez de couleur
   tous les 10 rgs dès maintenant.
Continuez de tricoter les rayures en jersey end.
   pendant 60 rgs, terminez par un rg à l'envers.

Former l'emmanchure raglan
Former le dessous des manches
Côté end. face à vous, rabattez 3 m., tricotez
   à l'end. jusqu'à la fin du rg.
Rabattez 3 m., tricotez à l'env. jusqu'à la fin
   du rg. Il reste 60 (68, 76) m.

Diminution pour le raglan
(Passez à la couleur B.)
Faites les diminutions au début et à la fin de
   tous les rgs tricotés de la manière suivante :
1er rg : 1 m. end., dim. 1 m., tricotez à l'end.
   jusqu'aux 3 dernières m., 2 m. ens. à l'end.,
   1 m. end.
2e rg : env.
Répétez le 1er et 2e rg jusqu'au 40e (44, 48) rg,
   en laissant 20 (22, 24) m. et en continuant en
   même temps à faire les rayures tous les 10 rgs :
   (Passez à A au 11e rg, passez à B au 21e rg,
   passez à A au 31e rg, passez à B au 41e rg).
   Faites passer toutes les m. sur un arrête-mailles.
   Les m. seront reprises pour former la bande
   d'encolure (voir page 46).

Devant

Travaillez comme le dos jusqu'au 34ᵉ rg (38, 42)
pour les diminutions.

Former le devant du col

Premier côté

(côté end. vers vous, 26 (30, 34) m. sur l'aiguille.)

35ᵉ (39ᵉ, 43ᵉ) rg : 1 m. end., dim. 1 m.,
6 (7, 8) m. end. et tricotez ces 8 (9, 10) m.
Transférez le reste des m.17 (20, 23) sur
un arrête-mailles.

36ᵉ (40ᵉ, 44ᵉ) rg : 2 m. ens. à l'env., 6 (7, 8) m. env.

37ᵉ (41ᵉ, 45ᵉ) rg : 1 m. end., dim. 1 m.,
2 (3, 4) m. end. ; 2 m. ens. à l'end.

38ᵉ (42ᵉ, 46ᵉ) rg : 2 m. ens. à l'env., 3 (4, 5) m. env.

39ᵉ (43ᵉ 47ᵉ) rg : 2 m. ens. à l'end., 0 (1, 2) m.
end, 2 m. ens. à l'end.

40ᵉ (44ᵉ 48ᵉ) rg : 2 m. ens. à l'env., 0 (1, 2) m. env.

Pour la 2ᵉ taille seulement, 45ᵉ rg : 2 m. ens. à l'end.

Pour la 3ᵉ taille seulement, 49ᵉ rg : 3 m. ens. à l'end.

Rabattez les m. restantes.

Deuxième côté

Côté end. vers vous, tricotez les m. restantes
17 (20, 23), faites passer 8 (10, 12) m. du
milieu du devant sur un arrête-mailles.
Ces m. seront reprises pour former la
bande d'encolure.

Raccordez la laine aux m. restantes 9 (10, 11).

35ᵉ (39ᵉ, 43ᵉ) rg : 6 (7, 8) m. end., 2 m. ens.
à l'end., 1 m. end.

36ᵉ (40ᵉ, 44ᵉ) rg : 6 (7, 8) m. env., 2 m. ens. à l'env.

37ᵉ (41ᵉ, 45ᵉ) rg : 2 m. ens. à l'end., 2 (3, 4) m.
end., 2 m. ens. à l'end., 1 m. end.

38ᵉ (42ᵉ, 46ᵉ) rg : 3 (4, 5) m. env., 2 m. ens. à l'env.

39ᵉ (43ᵉ 47ᵉ) rg : 2 m. ens. à l'end., 0 (1, 2) m.
end., 2 m. ens. à l'end.

40e (44e, 48e) rg : 0 (1, 2) m. env., 2 m. ens. à l'env.
Pour la 2e taille seulement, 45e rg : 2 m. ens. à l'end.
Pour la 3e taille seulement, 49e rg : 3 m. ens. à l'end.
Rabattez les m. restantes.

Manches (tricoter la paire)
Poignets côtelés

Montez 30 (34, 38) m sur les aiguilles 7 mm
  (N° 10½) en couleur A.
1er rg : 2 m. end. (2 m. env., 2 m. end.) en côtes
jusqu'à la fin du rg.
2e rg : 2 m. env., (2 m. end., 2 m. env.) jusqu'à
la fin du rg. Répétez ces 2 rgs jusqu'à obtenir
20 (20, 20) rgs ou 16 (16, 16) rgs pour des
manches plus courtes.

Jersey endroit

Côté end. vers vous, tricotez sur des aiguilles
  8 mm (N° 11) en couleur A.
Pour obtenir des manches plus courtes,
commencez au 5e rg en jersey endroit.
Tricotez en jersey end. :
1er rg : end. (Commencez ici pour les manches
plus longues.)
2e rg : env.
3e rg : end.
4e rg : env.
5e rg : (Commencez ici pour les manches plus
  courtes.) Ajoutez 1 m. à la première et à la
  dernière maille du rg. Vous obtenez 32 (34, 38) m.
6e rg : env.
7e rg : passez à la couleur B et tricotez.
Continuez à travailler en jersey end., en augmentant
  comme au 5e rg au début et à la fin de chaque
  6e rang, et dès maintenant changez de couleur
  tous les 10 rgs de la manière suivante :
11e rg : augmentez.
17e rg : passez à la couleur A et augmentez.
23e rg : augmentez.
27e rg : passez à la couleur B.
29e et 35e rg : augmentez.
37e rg : passez à la couleur A.
41e rg : augmentez.
47e rg : passez à la couleur B et augmentez.
53e rg : augmentez.
Vous obtenez 48 (53, 56) m. Continuez de
tricoter toutes les m. pendant encore 3 rgs.
57e rg : passez à la couleur A. Continuez
de tricoter toutes les m. pendant 8 rgs,
jusqu'au 64e rg.

Former le dessous de la manche
(Côté end. vers vous)
1er rg : rabattez 3 m., tricotez à l'end.
jusqu'à la fin du rg.
2e rg : rabattez 3 m., tricotez à l'env. jusqu'à
la fin du rg. Il vous reste 42 (46, 50) mailles.

Former le raglan
Passez à la couleur B.
Diminuez au début et à la fin de tous
  les rgs tricotés de la manière suivante :
1er rg : 1 m. end, dim. 1 m. à l'end., tricotez
  jusqu'aux trois dernières m., 2 m. ens. à
  l'end., 1 m. end.
2e rg : tricotez à l'envers tous les m.
Répétez le 1er rg et le 2e rg jusqu'au 24e rg.
  (Changez de couleur au 11e rg et 21e rg.)
Tricotez 2 rgs sans faire de diminution.
Il vous reste 18 (22, 26) m.
27e rg : diminuez 1 m. à chaque extrémité
  comme au 1er rg. Il reste 16 (20, 24) m.
Tricotez 2 rgs sans faire de diminution.
30e rg : env.
31e rg : passez à la couleur A et tricotez.
32e rg : env.
33e rg : diminuez 1 m. à chaque extrémité du
  rg comme au 1er rg. Il reste 14 (18, 22) m.
Tricotez les 14 m. restantes en jersey end.
  pendant 7 rgs jusqu'au 40e rg.
Pour la 1ère taille seulement, faites passer 14 m.
  sur un arrête-mailles, ces m. seront reprises
  pour former la bande d'encolure.
Pour la 2e et 3e taille seulement, 41e rg :
  Passez à la couleur B et diminuez 1 m. à
  chaque extrémité du rg comme au 1er rg.
  Il reste (16, 20) m.
42e rg : env.
43e rg : end.
44e rg : env.
Pour la 2e taille seulement, faites passer 16 m.
  sur un arrête-mailles, ces m. seront reprises
  pour former la bande d'encolure.
Pour la 3e taille seulement, 45e rg :
  Diminuez 1 m. dans le rang comme au 1er rg.
  Il reste (18) m.
46e rg : env.
47e rg : end.
48e rg : env.
Faites passer 18 m. sur un arrête-mailles, ces m.
seront reprises pour former la bande d'encolure.

Finitions
Bande d'encolure

Épinglez et repassez à la vapeur chaque pièce
  (voir page 29).
Assemblez les 3 bords raglan au point de matelas,
  en tricotant une maille et en laissant une
  ouverture pour la bordure gauche raglan du dos.

Reprendre les mailles
(Voir page 47)

Côté end. vers vous, tricotez avec les aiguilles
  7 mm (N° 10½) en couleur A. Commencez par
  l'arrête-mailles en haut de la manche gauche,
  en travaillant vers le devant.
Tricotez 14 (16, 18) m. de l'arrête-mailles
  en haut de la manche gauche.
Tricotez 5 (5, 5) m. régulièrement en suivant
  le côté gauche de la formation du cou.
Tricotez 8 (10, 12) m. de la partie avant du cou.
Tricotez 5 (5, 5) m. régulièrement en suivant
  le côté droit de la formation du cou.
Tricotez 14 (16, 18) m. de l'arrête-mailles
  en haut de la manche droite.
Tricotez 20 (22, 24) m. restantes de l'arrête-mailles
  de la partie arrière du cou.
Vous obtenez ainsi 66 (78, 90) m.
Tricotez la bande d'encolure en côtes 2/2 pendant
29 rgs, en commençant par le premier rg et
en tricotant 2 m. env, 2 m. end.
Rabattez avec souplesse dans le sens des côtes.

Assemblage

Travaillez avec une aiguille à matelas en couleur A.
Harmonisez soigneusement les rayures. Cette étape
est facile à réaliser en point de matelas car vous
tricotez côté end.
Cousez les bords raglan.
Cousez le bord de la bande d'encolure, en le
retournant à mi-hauteur pour le rabattre (voir page 47).
Cousez le côté et les bords sous les manches,
en les retournant à mi-hauteur sur les poignets
côtelés pour les rabattre.

Mettre en attente et relever des mailles

Il est possible de faire passer des mailles de l'aiguille sur un arrête-mailles sans les rabattre. Les mailles sont mises en attente pour être relevées et tricotées ultérieurement. Cette technique est souvent employée pour l'encolure lorsqu'un col doit être tricoté. S'il s'agit d'un petit nombre de mailles, vous pouvez prendre une grosse épingle de sûreté plutôt qu'un arrête-mailles. Veillez à ne pas séparer en deux le fil avec le bout pointu de celui-ci.

Faire passer des mailles sur un arrête-mailles

1 Tenez de la main gauche l'aiguille avec les mailles. Piquez la pointe de l'arrête-mailles dans le milieu de la première maille de l'aiguille, de droite à gauche, et faites passer la maille de l'aiguille gauche à l'arrête-mailles.

2 Tricotez le rang de mailles ainsi une par une. Lorsque le bon nombre de mailles est atteint, fermez l'arrête-mailles et continuez selon le motif.

Relever des mailles de l'arrête-mailles

1 Tenez l'arrête-mailles de la main gauche. Insérez le bout de l'aiguille droite dans le milieu de la première maille et faites-la passer de l'arrête-mailles à l'aiguille.

2 Tricotez le rang de mailles ainsi une par une. Lorsque toutes les mailles sont sur l'aiguille, prenez l'aiguille gauche et continuez selon le motif.

Relever des mailles du bord du tricot

Cette méthode pratique est employée pour tricoter des bords rabattus, formés ou des bords latéraux de tricot, comme la formation d'une encolure ou une bande sur une ouverture. Il est important de reproduire avec exactitude le motif, en travaillant le nombre de mailles demandé. Cette opération «relever des mailles» se désigne aussi par «tricoter à l'endroit», puisqu'un rang de mailles à l'endroit est formé.

1

2

3

1 Tenez le tricot de votre main gauche, l'endroit face à vous. Tenez l'aiguille droite et placez le fil derrière. Commencez à relever la première maille de l'aiguille droite, passez l'aiguille dans le tricot, de devant vers derrière, à une maille du bord.

2 Enroulez le fil autour de l'aiguille et tirez le fil à travers la maille lisière, comme s'il s'agissait d'une maille endroit.

3 Tricotez la maille suivante de l'aiguille gauche de la même façon et continuez de tricoter sur la lisière du tricot, de droite à gauche jusqu'à relever le nombre de mailles voulu sur l'aiguille.

Coudre des côtes sur des poignets à repli et sur une bande d'encolure

Pour les poignets à repli et le col, les bords doivent être retournés à mi-chemin pour obtenir une finition impeccable. Le point de matelas est entièrement expliqué à la page 30. Pour coudre des côtes 2/2 au point de matelas, travaillez à une maille du bord comme d'habitude. Pour des côtes 1/1 ou de la laine super grosse, vous obtiendrez un travail plus soigné en travaillant à une demi-maille du bord.

1

2

3

1 Côté envers face à vous, commencez par le bord inférieur des côtes, cousez au point de matelas jusqu'à la moitié du bord, et tirez pour resserrer la dernière maille.

2 Retournez le tricot sur l'endroit et passez l'aiguille par-dessus le bord en la faisant passer du côté droit du tricot. Passez l'aiguille dans le côté droit du côté opposé pour former la nouvelle maille.

3 Continuez de coudre le bord au point de matelas, mais en travaillant sur l'endroit.

PROJET 4 : Col roulé raglan pour femme

Voici un chandail raglan ajusté et moulant garni d'un col roulé baveux au point mousse qui se distingue. Avec très peu de savoir-faire, cette coupe peut-être modifiée pour créer un T-shirt court et ajusté ou un chandail à lignes verticales. Exercez-vous à faire une garniture excentrique avec un raglan à jour échelle.

Fournitures

440 (480, 525, 570) m 480 (525, 570, 620) v de laine
  super épaisse
1 paire d'aiguilles 15 mm (N° 19)
1 aiguille à canevas

Échantillon

En jersey endroit sur les aiguilles 15 mm (N° 19) :
  7 mailles et 10 rangs de 10 cm (4 po).

Dimensions

Longueur au milieu du dos : 55 (57, 59, 61) cm
  21½ (22½, 23¼, 24 po)
*T-shirt court : 46 (48, 50, 52) cm 18 (19, 19½, 20½) po
**Chandail à lignes verticales : 65 (67, 69, 71) cm
  25½ (26½, 27, 28) po
Tour de poitrine : 91 (96, 102, 107) cm 36 (38, 40, 42) po
Bordure des manches : 42 cm 16½ po pour toutes
  les tailles

Abréviations

end. – endroit ; **env.** – envers ; **jersey end.** – jersey
endroit ; **m.** – maille(s) ; **aig.dr.** – aiguille droite ; **ens.**
– ensemble ; **2 m. ens. à l'end.** – 2 mailles ensemble
à l'endroit ; **2 m. ens. à l'env.** – 2 mailles ensemble
à l'envers ; **gl** – glisser ; **surj. s.** – surjet simple : passer
la maille glissée par-dessus la maille tricotée ; **dim. 1**
m. – glisser 1 maille, 1 maille endroit, passer la
maille glissée par-dessus la maille tricotée ; **j.– jeté :**
passer le fil devant l'ouvrage pour faire un jeté.

Dos

Montez 36 (38, 40, 42) m.
1er rg : end.
2e rg : env.
Continuez en jersey end. jusqu'au 33e (*25e,**45e) rg.
*Si vous voulez réaliser le T-shirt, arrêtez de tricoter au
  25e rg et continuez ensuite avec le motif du 34e rg.
**Si vous voulez réaliser le chandail, tricotez 12 autres rgs
  jusqu'au 45e rg et continuez avec le motif du 34e rg.

Raglan

34e rg : rabattez 2 m., tricotez à l'env. jusqu'à la fin.
35e rg : rabattez 2 m., tricotez 2 m. à l'end. (vous aurez
  3 m. sur l'aig. dr.), dim. 1. m., tricotez à l'end. jusqu'aux
  5 dernières m., 2 m. ens. à l'end., 3 m. end. Il vous
  reste 30 (32, 34, 36) m.
36e rg : tricotez à l'env.
37e rg : tricotez 3 m. à l'end., dim. 1 m., tricotez à l'end.
  jusqu'aux 5 dernières m., 2 m. ens. à l'end., 3 m. end.
  Il vous reste 28 (30, 32, 34) m.
38e rg : tricotez à l'env. jusqu'à la fin.

Répétez le 37e et le 38e rg jusqu'au 50e (52e, 54e, 56e) rg.
  Vous obtenez 16 m.
51e (53e, 55e, 57e) rg : 3 m. end., dim. 1 m., tricotez à
  l'end. jusqu'aux 5 dernières m., 2 m. ens. à l'end.,
  3 m. end. Il vous reste 14 m.
52e (54e, 56e, 58e) rg : env.
53e (55e, 57e, 59e) rg : end.
54e (56e, 58e, 60e) rg : env.
Rabattez souplement.

Devant

Montez 36 (38, 40, 42) m. et tricotez comme le dos
  jusqu'au 33e (*25e, **45e) rg.
*Si vous voulez réaliser le T-shirt, arrêtez de tricoter au
  25e rg et continuez ensuite avec le motif du 34e rg.
**Si vous voulez réaliser le chandail, tricotez 12 autres
  rgs jusqu'au 45e rg et continuez avec le motif du 34e rg.
Continuez de tricoter comme le dos jusqu'au
  50e (52e, 54e, 50e) rg. Il reste 16 m.

Col gauche

51e (53e, 55e, 57e) rg : 3 m. end., dim. 1 m., et travaillez
  sur ces 4 m. Mettez 11 m. en attente sur l'arrête-mailles.
52e (54e, 56e, 58e) rg : tricotez à l'env. les 4 m.
53e (55e, 57e, 59e) rg : 2 m. ens. à l'end., 2 m. ens.
  à l'end. Il reste 2 m.
54e (56e, 58e, 60e) rg : 2 m. ens. à l'env., arrêtez
  (coupez la laine et passez le fil dans la boucle).

Col droit

Relevez les 11 m. en attente sur l'arrête-mailles et raccordez la pelote de laine (côté endroit).

51e (53e, 55e, 57e) rg : rabattez 5 m. souplement à l'end. pour le col, puis tricotez ens. les 2 m. suivantes à l'end. sur l'aiguille gauche et prenez la m. pour rabattre les 6 m. de l'aig. dr., 3 m. end.

52e (54e, 56e, 58e) rg : tricotez à l'env. 4 m.

53e (55e, 57e, 59e) rg : 2 m. ens. à l'end., 2 m. ens. à l'end.

54e (56e, 58e, 60e) rg : 2 m. ens. à l'env. Arrêtez.

Manches (tricoter la paire)

Montez 16 (18, 20, 22) m.

1er rg : end. **2e rg** : env.

Continuez de travailler en jersey end. jusqu'au 10e rg.

Augmentation

Augmentez les rgs ainsi :

11e rg : tricotez à l'end. dans le brin avant et brin arrière de la maille. Tricotez à l'end. jusqu'aux 2 dernières m., tricotez à l'end. dans le brin avant et le brin arrière de la m., tricotez la dernière m. Augmentez comme le 11e rg tous les 4e rg (15e, 19e, 23e, 27e, 31e, 35e, 39e rg). Vous obtenez 32 (34, 36, 38) m.

40e rg : env.

Former des jours dans la partie inférieure des jours échelle

(Il est important d'arrêter les jours échelle à temps pour éviter un trop grand démaillage.)

41e rg : 3 m. end., 2 m. ens. end., j., tricotez à l'end. jusqu'aux 5 dernières m., j., 2 m. ens. end., 3 m. end.

Raglan

42e rg : rabattez 2 m. à l'env., tricotez à l'env. jusqu'à la fin. Il reste 30 (32, 34, 36) m.

43e rg : rabattez 2 m. à l'end., tricotez 2 m. end., (il reste 3 m. sur l'aig. dr.), dim. 1 m., tricotez à l'end. jusqu'aux 5 dernières m., 2 m. ens. end., 3 m. end. Il reste 26 (28, 30, 32) m.

44e rg : env.

45e rg : 3 m. end., dim. 1 m., tricotez à l'end jusqu'aux 5 dernières m., 2 m. ens. end., 3 m. end. Répétez le 43e et le 45e rg jusqu'au 60e (62e, 64e, 66e) rg. Il reste 10 m.

61e (63e, 65e, 67e) rg : 3 m. end., dim. 1 m., 2 m. ens. end., 3 m. end. Il reste 8 m.

Lâcher des mailles pour réaliser un raglan au jour échelle

(Voir page 50).

62e (64e, 66e, 68e) rg :

2 m. env., 1 m. lâchée, 2 m. env., 1 m. lâchée (laisser tomber volontairement la maille), 2 m. env. Il reste 6 m. Rabattez les 6 m. restantes souplement à l'endroit. Tirez sur les échelles pour former les jours. Il est important de monter entièrement le point d'échelle avant de passer le tricot à la vapeur, sinon le fil s'entortillera.

Finitions

Mettez toutes les pièces en forme et passez-les à la vapeur. Assemblez les trois bords raglan au point de matelas, en commençant juste à une demi-maille du bord, car la laine est très épaisse.

Col au point mousse (tricoté latéralement)

Montez 12 m.

Tricotez 62 rgs (pt mousse) ou jusqu'à ce que le col vienne se placer parfaitement autour de l'encolure sans avoir à l'étirer. Rabattez souplement.

Assemblage de la bande d'encolure

(Voir page 51). À l'aide d'épingles de sûreté, épinglez également la bande d'encolure au col, bord contre bord. Laissez-les en place aux bords. Assemblez la bande d'encolure au bord du col au point de matelas.

Assembler le dernier bord raglan et le bord du col

Assemblez les bords de l'emmanchure et des côtés au point de matelas en commençant à une demi-maille du bord.

Garnir un tricot d'une bande de jour échelle

La maille filée ou échelle peut être facilement utilisée pour réaliser un élément décoratif dans le tricot.
La maille lâchée se démaillera, rang après rang, jusqu'à l'emplacement où cette maille a été créée ou montée, qu'il s'agisse d'un jour comme le col roulé raglan ou le rang de montage. Si vous garnissez un vêtement d'un jour échelle, rappelez-vous que la maille lâchée sera finalement plus large qu'une maille tricotée. Pour cette raison, comptez un jour échelle pour deux mailles au moment de calculer la largeur.

Laisser tomber une maille pour créer un jour échelle

1 Une maille peut être lâchée soit dans un rang endroit ou envers dans le même sens. Tricotez jusqu'à l'emplacement où vous voulez lâcher une maille. Ne tricotez pas cette maille. Laissez-la tomber de l'aiguille gauche, à l'aide de votre doigt ou avec le bout de l'aiguille. Tricotez le reste du rang en laissant tomber les autres mailles qui doivent être filées de la même façon. Au rang suivant, ne tricotez pas les mailles lâchées.

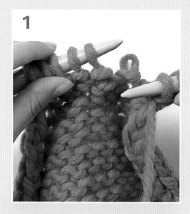

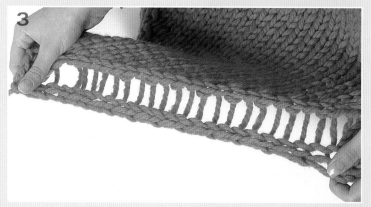

2 Après avoir rabattu les mailles du tricot, tirez délicatement sur celui-ci de chaque côté des mailles filées, de manière à voir le démaillage se produire. Si vous tricotez avec une laine très douce ou glissante, le démaillage pourrait se faire sans votre aide. Si votre laine est, au contraire, très texturée ou filetée, chaque maille devra être tirée séparément.

3 Il importe de bien laisser tomber la maille avant de faire la mise en forme, sinon les fils seront entortillés.

Ajouter une autre bordure garniture à un jour échelle

Vous pouvez vous exercer à ajouter une garniture décorative en passant des fils tissés, des tresses, ou des bandes de cuir dans les brins de la maille filée.

Assembler le col au point mousse

Le bord latéral de la bande d'encolure tricotée au point mousse en oblique est mis à plat et vient se superposer à l'encolure. Le point mousse est un point très extensible, il est donc facile de l'assouplir pour obtenir un assemblage parfait. Une fois le bord cousu, le col peut être étiré pour lui donner la forme voulue. Le bord de la bande d'encolure et tous les bords des épaules doivent être cousus avant d'assembler le col.

1 À l'aide d'épingles de sûreté, épinglez le bord inférieur de la bande d'encolure qui superpose le bord du rang de mailles rabattues de l'encolure, le côté endroit des deux pièces vous faisant face.

2 Piquez l'aiguille à canevas à travers l'endroit et ressortez-la au milieu d'une maille lisière du col. Travaillez de droite à gauche, piquez l'aiguille sous un brin de laine de la maille la plus près du chandail et ressortez-la derrière sur l'endroit.

3 Piquez l'aiguille à travers la maille lisière du col deux rangs de suite, de l'envers vers l'endroit. Poursuivez ainsi en travaillant autour du col.

PROJET 5 : *Veste douillette*

Cette veste confortable en grosse laine est tricotée en jersey endroit et au point de riz en bordure ; elle se boutonne sur le devant. Avec ses poches insérées et son col douillet, ce vêtement d'hiver indispensable peut être tricoté en deux versions : en veste ou en manteau long.

Fournitures

Super grosse laine filetée :
Veste : 600 (675) m 660 (740) v
Manteau : 750 (825) m 825 (900) v
1 paire d'aiguilles 12 mm (N° 17)
4 boutons pour la veste et 6 boutons pour le manteau

Échantillon

En point de riz sur les aiguilles 12 mm (N° 17) :
8 mailles et 12 rangs de 10 cm (4 po)

Dimensions

Longueur au milieu du dos :
Veste : 71 (74) cm 28 (29) po
Manteau : 97 (100) cm 38¼ (39¼) po
Longueur des manches : 46 (48) cm 18 (19) po
Tour de poitrine : 112 (122) cm 44 (48) po

Abréviations

m. – maille(s) ; **end.** – endroit ; **env.** – envers ;
jersey end. – jersey endroit ; **déb.** – début ; **dim.**
1 m. – glisser 1 maille, 1 maille endroit, passer
la maille glissée par-dessus la maille tricotée ;
ens. – ensemble ; **2 m. ens. à l'end.** – 2 mailles
ensemble à l'endroit ; **2 m. ens. à l'env.** – 2 mailles
ensemble à l'envers ; **rép.** – répéter ; **end.** – endroit ;
env. – envers ; **j.** – jeté : passer le fil devant
l'ouvrage pour faire un jeté ; **1 aug.** –1 augmentation ;
aug. – augmenter ; **brin arr.** – brin arrière.

Dos

Montez 39 (43) m. sur les aiguilles 12 mm (N° 17)
Tricotez au point de riz ainsi :
1er rg : *(1 m. end., 1 m. env.) rép. de *
à la dernière m., 1 m. end.

Conseil

Si vous travaillez avec une laine teinte à la
main, il est préférable de tricoter avec deux
pelotes à la fois, en les alternant, afin de
dissimuler la variation de couleur entre
les écheveaux (voir page 57).

Tricotez 9 rgs
supplémentaires
de la même façon.
Commencez par un rg
à l'end. et continuez en jersey end.
jusqu'à obtenir 46 X 72 cm (18 X 28½ po).

Emmanchure

1er rg : rabattez 2 m. au déb. du rg, tricotez à l'end.
jusqu'à la fin. Il reste 37 (41) m.
2e rg : rabattez 2 m. au déb. du rg, tricotez à l'env.
jusqu'à la fin. Il reste 35 (39) m.
3e rg : dim. 1 m., tricotez à l'end. jusqu'aux
2 dernières m., 2 m. ens. à l'end. Il reste 33 (37) m.
4e rg : 2 m. ens. à l'env., tricotez à l'env. jusqu'aux
2 dernières m., 2 m. ens. à l'env. brin arr. Il reste 31 (35) m.
5e rg : dim. 1 m., tricotez à l'end. jusqu'aux
2 dernières m., 2 m. ens. à l'end. Il reste 29 (33) m.
Commencez par un rg à l'env. et continuez en jersey
end. jusqu'à obtenir 21,5 (24) cm 8½ (9½) po.

Épaule

1er rg : rabattez 4 (5) m. et tricotez à l'end. jusqu'à la fin.
2e rg : rabattez 4 (5) m. et tricotez à l'env. jusqu'à la fin.
3e rg : rabattez 5 m. et tricotez à l'end. jusqu'à la fin.
4e rg : rabattez 5 m. et tricotez à l'env. jusqu'à la fin.
Mettez les 11 (13) m. restantes en attente sur un
arrête-mailles.

Devant gauche

Montez 23 (25) m. sur les aiguilles 12 mm (N° 17)
Tricotez 10 rgs au pt de riz comme le dos.
11e rg : tricotez à l'end. jusqu'aux 5 dernières m.
et tricotez au pt de riz la bordure ainsi : 1 m. end.,
1 m. env., 1 m. end., 1 m. env., 1 m. end.
12e rg : tricotez les 5 m. au pt de riz ainsi : 1 m. end.,
1 m. env., 1 m. end., 1 m. env., 1 m. end. et tricotez
à l'env. jusqu'à la fin.
Rép. le 11e et le 12e rg pendant 6 (38) autres rgs.

Fente de la poche

19e (51e) rg : suivez le motif et tricotez 11 (12) m. et faites
passer les 12 (13) m. restantes sur un arrête-mailles.

Travailler à l'extérieur de la fente

Tournez le tricot et continuez en jersey end. pendant 12 autres rgs, en finissant sur le côté endroit. Faites passer les 18 (50) m. non tricotées de l'intérieur de la fente de l'arrête-mailles sur l'aiguille libre. Faites passer toutes les m. tricotées de l'extérieur de la fente sur l'arrête-mailles et arrêtez le fil.

Travailler à l'intérieur
de la fente

Raccordez la pelote de laine aux mailles qui sont à l'intérieur.

19e (51e) rg : côté end., tricotez à l'end. 7 (8) m., tricotez au pt de riz les 5 dernières m. de la bordure.

20e (52e) rg : tricotez les 5 m. au pt de riz, tricotez à l'env. 7 (8) m.

Continuez en jersey end. avec le pt de riz en bordure jusqu'au 32e (64) rg (côté env.). N'arrêtez pas le fil.

Fermer la fente

Faites passer les m. de l'arrête-mailles sur l'aiguille libre. Tenez cette aiguille de la main gauche, côté end. vers vous.

33e (65e) rg : continuez en jersey end. en tricotant ce rg à l'env. Il reste 23 (25) m.

Continuez le jersey end. et le pt de riz en bordure jusqu'à obtenir 46 X 72 cm (18 X 28½ po), en finissant par un rg à l'env.

Emmanchure

Continuez en jersey end. avec le pt de riz en bordure tout le long.

1er rg : rabattez 2 m. et tricotez jusqu'à la fin. Il reste 21 (23) m.

2e rg : tricotez jusqu'à la fin.

3e rg : dim. 1 m., tricotez jusqu'à la fin. Il reste 20 (22) m.

4e rg : tricotez jusqu'aux 2 dernières m., 2 m. ens. à l'env. Il reste 19 (21) m.

5e rg : dim. 1 m., tricotez jusqu'à la fin. Il reste 18 (20) m.

Continuez selon le motif, en commençant par un rg à l'env. jusqu'à obtenir 21,5 (24) cm 8½ (9½) po.

Épaule

1er rg : rabattez 4 (5) m. et tricotez à l'end.

2e rg : tricotez jusqu'à la fin.

3e rg : rabattez 5 m. et tricotez à l'end.

4e rg : tricotez jusqu'à la fin (côté env.).

Arrêtez le fil et faites passer les 9 (10) m. restantes sur un arrête-mailles pour le col.

Devant droit

Montez 25 m. sur les aiguilles 12 mm (N° 17).

Tricotez 10 rgs au pt de riz comme le dos.

11e rg : tricotez la bordure au pt de riz comprenant l'œillet de la boutonnière : 1 m. end., 1 m. env., 2 m. ens. à l'end., j., 1 m. end., tricotez à l'end. jusqu'à la fin.

12e rg : tricotez à l'env. jusqu'aux 5 dernières m., tricotez 5 m. au pt de riz de la bordure ainsi : 1 m. end., 1 m. env., 1 m. end., 1 m. env., 1 m. end.

Pour la veste seulement

Continuez de tricoter au pt de riz la bordure et le reste en jersey end. jusqu'au 18e rg.

Fente de la poche

19e rg : selon le motif, tricotez 12 (13) m. et faites passer les 11 (12) m. restantes sur un arrête-mailles.

Pour le manteau seulement

Continuez de tricoter au pt de riz la bordure
et le reste en jersey end. jusqu'au 26e rg.

Former l'œillet de la boutonnière

27e rg : 1 m. end., 1 m. env., 2 m. ens. à l'end.,
j., 1 m. end., tricotez jusqu'à la fin.
Continuez de tricoter au pt de riz la bordure et
le reste en jersey end. jusqu'au 42e rg.

Former l'œillet de la boutonnière

43e rg : 1 m. end., 1 m. env., 2 m. ens. à l'end.,
j., 1 m. end., tricotez jusqu'à la fin.
Continuez de tricoter au pt de riz la bordure
et le reste en jersey end. jusqu'au 50e rg.

Fente de la poche

51e rg : selon le motif, tricotez 12 (13) m. et faites
passer les 11 (12) m. restantes sur un arrête-mailles.

Pour la veste et le manteau

Travailler à l'intérieur de la fente

20e (59e) rg : tournez le tricot et continuez en jersey
end. et au pt de riz pour la bordure pendant
7 autres rgs. Il reste 26 (58) m.

Former l'œillet de la boutonnière

27e (59e) rg : 1 m. end., 1 m. env., 2 m. ens. à l'end.,
j., 1 m. end., tricotez jusqu'à la fin.
Suivez le motif jusqu'au 31e (63e) rg.
Faites passer les 18 (50) m. non tricotées, de la fente
extérieure, de l'arrête-mailles sur l'aiguille libre.
Arrêtez le fil et faites passer toutes les mailles
tricotées de la fente intérieure sur l'arrête-mailles.

Travailler à l'extérieur de la fente

Raccordez la pelote de laine aux mailles qui sont
à l'extérieur de la fente.
19e (51e) rg : côté end., tricotez toutes les m.
selon le motif. Continuez en jersey end.
jusqu'au 32e (64e) rg (côté env.). N'arrêtez pas le fil.

Fermer la fente

Faites passer les m. de l'arrête-mailles sur l'aiguille
libre. Tenez cette aiguille de la main gauche (côté env.).
33e (65e) rg : continuez selon le motif, tricotez ce
rang. Il reste 23 (25) m. Continuez selon le motif
(jersey end. et pt de riz pour la bordure) pendant
9 autres rgs jusqu'au 42e (74e) rg.

Former l'œillet de la boutonnière

43e (75e) rg : 1 m. end., 1 m. env., 2 m. ens. à l'end.,
j., 1 m. end., tricotez jusqu'à la fin.
*Continuez selon le motif jusqu'à obtenir 46 X 72 cm
(18 X 28½ po), en finissant par un rg à l'env.
(Comptez le nombre de rgs tricotés de * après la
boutonnière afin de bien aligner la boutonnière du haut.)

Emmanchure

Continuez en jersey end. avec le pt de riz en bordure
tout le long.
1er rg : rabattez 2 m. et tricotez jusqu'à la fin.
Il reste 21 (23) m.
2e rg : tricotez jusqu'aux 2 dernières m., 2 m. ens.
à l'end. Il reste 20 (22) m.
3e rg : dim. 1 m., tricotez jusqu'à la fin. Il reste 19 (21) m.
4e rg : tricotez jusqu'aux 2 dernières m., 2 m. ens. à
l'end. Il reste 18 (20) m. Continuez selon le motif, en
commençant par un rg à l'env. jusqu'à obtenir 16 rgs
en tout ayant été tricotés de *.

Former l'œillet du haut de la boutonnière

Rg suivant : 1 m. end., 1 m. env., 2 m. ens. à l'end.,
j., 1 m. end., tricotez jusqu'à la fin.
Continuez selon le motif jusqu'à obtenir 21,5 (24) cm
8½ (9½) po, en finissant par un rg à l'env.

Épaule

1er rg : tricotez toutes les m.
2e rg : rabattez 4 (5) m. et tricotez jusqu'à la fin.
Il reste 14 (15) m.
3e rg : tricotez jusqu'à la fin.
4e rg : rabattez 5 m. et tricotez jusqu'à la fin (côté
env.). Il reste 9 (10) m. Arrêtez le fil et faites passer
les 9 (10) m. restantes sur un arrête-mailles pour le col.

Manches (tricoter la paire)

Montez 19 (23) m. sur les aiguilles 12 mm (N° 17).
Tricotez 10 rgs au pt de riz.
Continuez en jersey end. tout au long.

Augmentation

15e rg : aug. 1 m. au déb. et à la fin du rg. Donne 21 (25) m.
19e rg : aug. 1 m. au déb. et à la fin du rg. Donne 23 (27) m.
23e rg : aug. 1 m. au déb. et à la fin du rg. Donne 25 (29) m.
27e rg : aug. 1 m. au déb. et à la fin du rg. Donne 27 (31) m.
33e rg : aug. 1 m. au déb. et à la fin du rg. Donne 29 (33) m.
39e rg : aug. 1 m. au déb. et à la fin du rg. Donne 31 (35) m.
Continuez en jersey end. jusqu'à obtenir 46 (48) cm
18 (19) po en terminant par un rg à l'env.

Tête de manche

Rabattez 3 m. au déb. des 2 rgs suivants. Il reste 25 (29) m.
Rabattez 4 (3) m. au déb. des 2 rgs suivants. Il reste

17 (23) m. Rabattez 0 (3) m. au déb. des 2 rgs suivants.
Il reste 17 (17) m. Rabattez les 17 m. restantes.

Poches

Doublure de la poche gauche

Du côté env., tournez le tricot vers vous et relevez 11 m.
du bord extérieur de la fente de la poche, du haut vers le bas.
Tricotez 10 rgs en jersey end. Rabattez.

Bordure de la poche gauche

(Voir pages 56 et 57).
Du côté env., tournez le tricot vers vous et relevez
13 m. du bord intérieur de la fente de la poche,
du bas vers le haut.
Tricotez 6 rgs au pt de riz.
Rabattez.
Passez la doublure de la poche à travers la
fente sur l'env. du devant. Faites glisser
la m. à sa place en travaillant sur l'env.
Mettez la bordure à plat sur l'end.
et cousez les bords latéraux.
Rép. en inversant l'opération pour
le côté droit de la poche.

Assemblage

Rentrez les fils et mettez toutes les pièces
en forme en les passant à la vapeur.

Col

Assemblez les coutures des épaules au pt de
matelas. Faites passer ainsi toutes les m. en
attente sur les arrête-mailles sur l'aiguille 12 mm (N° 17) :
Faites passer 9 (10) m. du milieu du devant droit
à l'épaule droite, 11 (13) m. à travers
l'arrière du col, 9 (10) m. de l'épaule gauche
au milieu du devant gauche. Il reste 29 (33) m.
1er rg : en commençant au milieu du devant gauche
sur l'env., tricotez les 5 premières m. au pt de riz,
(1 m. end., 1aug.), rép. de 4 fois, tricotez jusqu'aux
9 dernières m., **(1 aug., 1 m. end.), rép. de ** 3 fois.
Tricotez les 5 dernières m. au pt de riz . Il reste 38 (42) m.

Former l'œillet de la boutonnière dans le col côtelé

2e rg : 1 m. end., 1 m. env., 2 m. ens. à l'end., j., 1 m. end.,
*(2 m. end., 2 m. env.) rép. de * jusqu'aux 5 dernières m.
au pt de riz. Travaillez les 5 dernières m. au pt de riz.
3e rg : tricotez les 5 premières m. au pt de riz. *(2 m. end., 2 m.
env.) rép. de * jusqu'aux 5 dernières m. au pt de riz. Travaillez
les 5 dernières m. au pt de riz. Rép. le 3e rg jusqu'à atteindre
20 cm (8 po) de longueur de col. Rabattez les m. souplement.

Poches insérées

Pour réaliser la poche insérée, il faut relever des mailles autour de l'ouverture de la fente, coudre la doublure et effectuer les finitions pour obtenir un bord impeccable. On désigne cette opération par les termes « relever » ou « relever et tricoter des mailles ». La même technique est employée pour relever des mailles autour d'un col. (Voir page 47).

Relever des mailles en super grosse laine

La doublure et la bordure de la poche se réalisent en relevant des mailles autour des bords latéraux de la fente coupée. Toutefois, avec de la super grosse laine, il est nécessaire de tricoter par le milieu de la maille lisère pour éviter les épaisseurs, plutôt qu'à une maille entière de la lisière. Le nombre de mailles à relever ne correspondra pas toujours au nombre réel de mailles ou de rangs qu'il y a autour des bords. Veillez donc à relever régulièrement ces mailles.

1 À l'aide d'une épingle, indiquez le milieu du bord, c'est la maille du milieu à relever. Pour relever des mailles autour d'un plus long bord, indiquez quatre points avec des épingles et divisez les mailles également entre les points pour être le plus exacte possible. Sur l'endroit, de droite à gauche autour du bord, piquez le bout de l'aiguille droite du devant vers derrière dans le milieu de la première maille à relever. Enroulez le fil autour de l'aiguille et tirez une boucle à travers comme s'il s'agissait de tricoter une maille.

2 Continuez ainsi tout autour du bord, en relevant le nombre de mailles requis.

Coudre des poches au point coulé

Après avoir tricoté la doublure et le bord au point de riz de la poche, il faut les coudre. Le point coulé est employé pour coudre deux pièces superposées, souvent pour la doublure des poches ou les parementures. Le point coulé doit être exécuté dans les mêmes tons que ceux du tricot, mais pour des besoins de clarté, il est montré ici en couleur contrastée.

1 Travaillez sur l'envers, passez la doublure sur l'endroit du vêtement de manière à avoir le jersey envers face à vous. Indiquez l'emplacement des bords de la veste à l'aide d'un fil contrasté pour s'assurer que la pièce repose bien à plat.

2 Enfilez une aiguille à gros chas avec une longueur de fil assorti au coloris et faites un nœud à l'extrémité, en travaillant de la main droite l'extrémité du bord à coudre. Piquez l'aiguille sous un brin sur l'envers du gilet, puis à travers une maille du bord de la doublure de la poche.

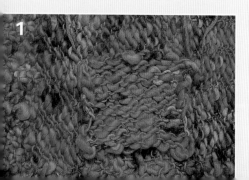

3 Ramenez l'aiguille par-dessus le bord de la doublure et répétez la même opération sur tout le rang. Il importe de ne pas trop serrer les points et de ne pas laisser apparaître la couture sur l'endroit.

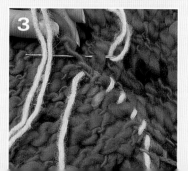

Rentrer le fil sur le côté du travail

Si vous utilisez une laine teinte à la main, il y aura probablement une différence de ton entre les écheveaux du même coloris. C'est pourquoi, travailler à partir de deux pelotes à la fois est préférable. On obtient ainsi une homogénéité du coloris en tricotant des rayures de deux ou quatre rangs avec une pelote et ensuite deux ou quatre rangs avec l'autre pelote.

Changez toujours de pelote du côté de la couture pour que les bords de la fente restent soignés. Rentrez le fil sur les côtés de sorte qu'à la finition il reste très peu de bouts à coudre.

Coudre les boutons

Il est possible de coudre un bouton à tige qui le surélève du tricot, s'il s'agit d'une laine très épaisse ou si les bords ont une parementure. Utilisez un fil lisse et solide de la même couleur du vêtement ou de la laine.

Prenez une aiguille à torsade ou un crochet pour créer un espace entre le bouton et le tricot. Cousez le bouton et, une fois le fil coupé, retirez l'objet et tournez le fil autour de la tige plusieurs fois de suite. Passez l'aiguille sur l'envers et cousez-le.

Bordure des lisières

Par le terme « lisières », on désigne les mailles lisières d'un tricot. Le tricot en jersey endroit a tendance à se relever sur les côtés et n'offre pas toujours une finition impeccable pour une fente. Une bordure au point de riz aura de la tenue et sera un bord adapté à la fente.

1 Les bordures au point de riz au milieu des devants de la veste à grosse laine forment un bouton simple et une bande de boutonnières, dont la caractéristique est d'être tricotés dans une seule pièce avec la laine principale.

2 La bordure de la poche est tricotée sur la lisière de la fente en relevant les mailles. L'ajout de bords est possible, s'ils sont tricotés séparément et cousus ensuite au vêtement.

Les techniques de mailles

La plupart des tricots sont réalisés à partir d'une combinaison de mailles endroit et envers. Cependant, de nombreux effets texturés originaux peuvent être créés à partir de différents motifs de mailles et selon diverses techniques. Vous pouvez essayer de tricoter un motif de mailles dans une variété de type de laines et de poids pour constater les différents effets donnés. Les motifs de mailles et les garnitures à échelle plus réduite sont en général plus définis lorsqu'ils sont travaillés avec une laine lisse et un coloris plus clair. En revanche, avec des laines épaisses ou bouclées, ils peuvent faire ressortir le point comme le point astrakan. Les techniques de torsades sont exécutées sur une aiguille auxiliaire spéciale à double pointe pour réaliser un croisement des groupes de mailles. On obtient ainsi des formes et des aspects texturés en apparence complexes avec du corps.

Point astrakan

Il s'agit d'un motif entièrement texturé qui s'exécute à partir d'une série de nœuds (pelote du tricot). Ce point est parfois appelé le point de trinité, car une maille est formée à partir de trois. La méthode consistant à tricoter plusieurs fois dans une maille est souvent employée dans le point d'Aran qui accompagne les torsades pour former des nœuds séparés. Ces groupes d'augmentations et de diminutions créent un aspect noueux sur le tricot. Ce point travaille bien en autant qu'il est tricoté avec une certaine souplesse pour obtenir un motif plus aéré. La première et la dernière maille de chaque rang sont habituellement tricotées comme elles se présentent, ce qui permet de coudre plus facilement les pièces du tricot. Les explications sur les motifs précisent le nombre de mailles nécessaires pour exécuter parfaitement la répétition du motif.

Réaliser le point astrakan

Montez un multiple de 4 mailles (+ 2 m.).
1er rg : (côté end.) tricotez à l'env. jusqu'à la fin.
2e rg : 1 m. end., *(1 m. end, 1 m. env., 1 m. end.) toutes dans la m. suivante, 3 m. ens. à l'env., rép. de * jusqu'à la dernière m., 1 m. end.
3e rg : tricotez à l'env. jusqu'à la fin.
4e rg : 1 m. end., *3 m. ens. à l'env., (1 m. end, 1 m. env., 1 m. end.) toutes dans la m. suivante, rép. de * jusqu'à la dernière m., 1 m. end. Répétez.
Les explications «(1 m. end, 1 m. env., 1 m. end.) toutes dans la m. suivante» signifient que vous augmentez deux fois dans la même maille, en formant ainsi deux nouvelles mailles.

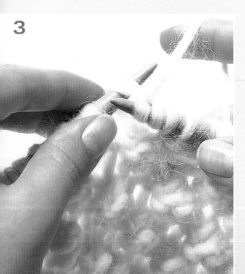

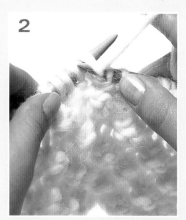

1 Tricotez dans la maille suivante, comme d'habitude, sans laissez tomber la maille de l'aiguille.

2 Placez le fil devant et tricotez une maille envers dans la même maille, sans encore laisser tomber la maille de l'aiguille.

3 Replacez le fil derrière et tricotez encore la même maille.

4 Laissez tomber cette fois la première maille de l'aiguille, ce qui complète la maille. Vous venez de créer trois mailles à partir de la 1er maille.

L'explication suivante «3 m. ens. à l'env.» signifie que vous diminuez deux mailles immédiatement en tricotant à l'envers trois mailles ensemble, il reste ainsi une maille.

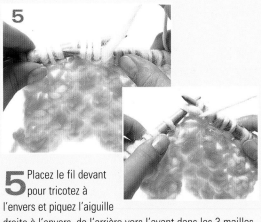

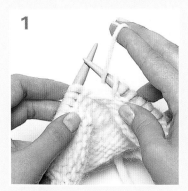

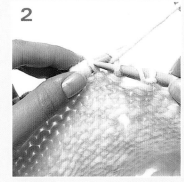

5 Placez le fil devant pour tricotez à l'envers et piquez l'aiguille droite à l'envers, de l'arrière vers l'avant dans les 3 mailles suivantes. Tricotez à l'envers les 3 mailles ensemble en créant ainsi une nouvelle maille sur l'aiguille droite.

6 Ces explications sont répétées sur tout le rang pour créer « l'effet nœud ». Le même nombre d'augmentations et de diminutions est effectué dans le rang de manière à toujours conserver le même nombre de mailles dans le rang. Ces augmentations et ces diminutions sont tricotées à l'identique, mais à l'inverse dans le rang suivant à motif pour que les nœuds s'entremêlent et forment le motif sur tout le tricot.

Dentelle ajourée

Les motifs à large dentelle vaporeuse peuvent être réalisés à partir d'augmentations de jetés combinées à un nombre égal de diminutions. Lorsque vous essayez de réaliser votre premier point dentelle, choisissez un motif dont les répétitions de mailles et de rangs restent raisonnables et qui comprend des rangs tricotés en jersey endroit ou envers en motif. Les jours peuvent être réalisés de la même façon que les boutonnières du projet 2, si vous tricotez entre deux mailles à l'endroit. Il s'agit alors du jeté (ou j.).

Jeté entre deux mailles envers

Il est possible aussi de réaliser un jeté entre deux mailles à l'envers. Cette technique s'appelle le « jeté » et s'abrège ainsi j. env. Cela ressemble exactement au jeté réalisé entre deux mailles à l'endroit, mais cette fois tricoté sur l'envers.

Faux point turc

1 Après avoir tricoté une maille à l'envers, faites un j. env. en passant le fil par-dessus l'aiguille droite et derrière l'ouvrage, puis passez-le encore devant entre les deux pointes des aiguilles. Le fil doit enrouler l'aiguille de la gauche vers la droite.

2 L'œillet formé en dessous du jeté devient visible lorsque vous tricotez la maille suivante à l'envers. Le jeté enroulant l'aiguille est travaillé comme une maille normale au rang suivant.

Montez un nombre de mailles pair

1ᵉʳ rg : 1 m. end., *(j, 2 m. ens. sur l'end.), rép. de * jusqu'à la fin, 1 m. end. Répétez le 1ᵉʳ rg pour tous les rangs. Il est possible de tricoter des mailles ajourées en filet à partir de cette technique simple qui combine le jeté à une diminution 2 m. ens. à l'end. Tout comme le point astrakan, la première et la dernière maille de chaque rang sont tricotées comme elles se présentent. Il est essentiel de travailler avec un même nombre de mailles pair pour réaliser la dentelle point de chausson.

Point fourrure

Ce point fourrure peut donner une épaisseur à longs poils ou duveteuse au tricot. La maille tricotée n'est pas vraiment visible sous les boucles de laine. L'effet final de cette technique dépend essentiellement du fil utilisé, puisque la partie visible est une masse de boucles de laine. Ça vaut la peine de vous exercer à ce point avec une laine lisse et texturée pour obtenir différents effets. Les boucles formées par cette technique peuvent aussi être coupées pour obtenir un autre effet de fourrure à longs poils. On l'emploie parfois pour confectionner un vêtement en entier, mais elle sert plus souvent comme garniture en fausse fourrure ou pour les chapeaux, les écharpes et même les jouets tricotés en mailles.

Explications du point fourrure

(Note : À moins que l'abréviation «fb» ne soit clairement expliquée, elle signifie parfois «faire la boucle».)

Les boucles sont formées sur l'endroit du tricot et elles sont donc habituellement tricotées un rang sur deux, séparées d'un rang en jersey endroit. Ces illustrations montrent comment tricoter la seconde boucle dans un rang.

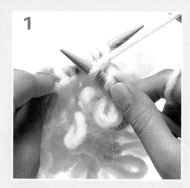

1 Côté endroit vers vous, tricotez à l'endroit dans la maille qui sera travaillée comme une boucle, sans la laisser tomber de l'aiguille gauche.

2 Passez le fil devant entre les deux aiguilles et enroulez le fil une fois autour de votre pouce gauche, de gauche à droite. Repassez le fil derrière entre les deux aiguilles.

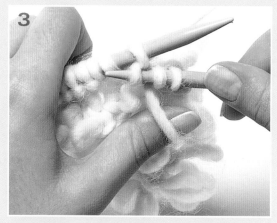

3 Tricotez de nouveau à l'endroit dans la même maille de l'aiguille gauche (ce qui donne deux mailles sur l'aiguille droite).

4 Laissez tomber la maille de l'aiguille gauche pour terminer la maille endroit et lâchez la boucle du pouce.

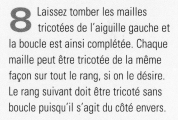

5 Faites passer sur l'aiguille gauche les deux mailles qui ont été tricotées sur l'aiguille droite. Pour cela, piquez l'aiguille gauche dans chaque maille, de gauche à droite, et retirez ensuite l'aiguille droite.

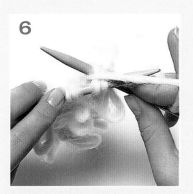

6 Tricotez à l'endroit les mailles ensemble en tricotant le brin arrière des mailles. Pour cela, piquez l'aiguille droite dans les deux mailles, de droite à gauche, en laissant l'aiguille droite derrière la gauche, et enroulez le fil derrière l'aiguille droite, comme pour une maille à l'endroit.

7 Passez comme d'habitude le fil enroulé à travers les deux mailles, en formant ainsi une nouvelle maille sur l'aiguille droite.

8 Laissez tomber les mailles tricotées de l'aiguille gauche et la boucle est ainsi complétée. Chaque maille peut être tricotée de la même façon sur tout le rang, si on le désire. Le rang suivant doit être tricoté sans boucle puisqu'il s'agit du côté envers.

9 Pour obtenir une frange taillée, on coupera ces boucles avec une paire de ciseaux sans craindre de défaire le vêtement.

Torsades

Les torsades sont traditionnellement employées dans le tricotage d'Aran. Toutefois, on les reprend parfois de diverses façons pour créer une riche variété de motifs à relief. Un groupe de mailles est croisé avec un autre groupe au milieu d'un rang, créant ainsi des motifs de points en relief. Une aiguille auxiliaire sert à transférer les mailles. Une fois le principe élémentaire des torsades compris, il devient alors facile d'inventer et de personnaliser le point torsade. Ces exemples illustrent une bande torsadée de quatre mailles de largeur, tricotée en jersey endroit et travaillée sur un fond en jersey envers. Essayez de tricoter ces deux torsades simples pour comprendre le principe du croisement de mailles. Il vous faudra une aiguille auxiliaire de même diamètre que vos aiguilles.

Rang torsadé étape par étape

1 Sur un rang endroit, tricotez à l'envers jusqu'à l'emplacement de la bande torsadée – le fond est tricoté en jersey envers.

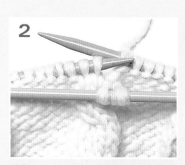

2 Prenez l'aiguille auxiliaire, placez-la sur le devant du travail et glissez les 2 m. suivantes dessus. Pour cela, piquez le bout de l'aiguille à l'envers, de droite à gauche, dans les mailles et retirez l'aiguille gauche, en laissant ainsi l'aiguille auxiliaire sur le devant du travail. Placez le fil derrière et préparez-vous à tricoter une maille à l'endroit.

Torsade devant

Il s'agit de « 4 mailles croisées sur le devant » (abréviation) ou « 4 mailles croisées vers la gauche ». La torsade se croise de la droite vers la gauche.

Explication de la bande torsadée sur le devant en jersey envers

1er rg : côté endroit. Tricotez les mailles à l'envers jusqu'à l'emplacement de la bande torsadée, 4 m. end., tricotez à l'envers jusqu'à la fin.

2e rg : côté envers. Tricotez toutes les mailles à l'endroit jusqu'à l'emplacement de la bande torsadée, 4 m. env., tricotez à l'endroit jusqu'à la fin. Répétez ces rangs comme ci-dessus aux emplacements où vous voulez tricoter des bandes torsadées.

Rg torsade : côté endroit. Tricotez à l'envers jusqu'à l'emplacement de la bande torsadée, 4 m. croisées sur le devant, tricotez à l'envers jusqu'à la fin.

Rg suivant : côté envers. Tricotez comme au 2e rang.
Répétez.

3 Tricotez les deux mailles suivantes de l'aiguille gauche.

4 Tricotez à présent les deux mailles de l'aiguille auxiliaire à l'endroit, en travaillant en premier la maille de l'aiguille droite.

5 Les mailles qui se trouvent sur l'aiguille auxiliaire maintenant croisent devant les autres mailles de l'aiguille droite. Continuez de tricoter le reste du rang à l'envers. Il y a encore le même nombre de mailles dans le rang.

Torsade arrière

Il s'agit de «4 mailles croisées sur le derrière» ou «4 mailles croisées vers la droite». La torsade se croise de la gauche vers la droite.

Explication de la torsade sur le derrière en jersey envers

1er rg : côté endroit. Tricotez les mailles à l'envers jusqu'à l'emplacement de la bande torsadée, 4 m. end., tricotez à l'envers jusqu'à la fin.

2e rg : côté envers. Tricotez toutes les mailles à l'endroit jusqu'à l'emplacement de la bande torsadée, 4 m. env., tricotez à l'endroit jusqu'à la fin. Répétez ces rangs comme ci-dessus aux endroits où vous voulez faire des bandes torsadées.

Rg torsade : côté endroit. Tricotez à l'envers la bande torsadée, 4 m. croisées sur le derrière, tricotez à l'envers jusqu'à la fin.

Rg suivant : côté envers. Tricotez comme au 2e rang. Répétez.

1 Sur un rang endroit, tricotez jusqu'à l'emplacement de la bande torsadée.

2 Placez l'aiguille auxiliaire derrière l'ouvrage et glissez les deux mailles suivantes sur celle-ci. Pour cela, piquez le bout de l'aiguille auxiliaire à l'envers, de droite à gauche, dans les mailles et retirez l'aiguille gauche, en laissant l'aiguille auxiliaire derrière le tricot.

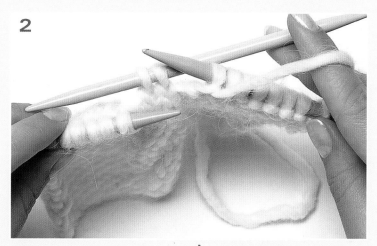

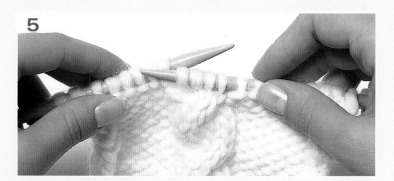

3 Placez le fil derrière et prêt à faire une maille à l'endroit. Tricotez ensuite les deux mailles suivantes de l'aiguille gauche.

4 Tricotez à présent les deux mailles de l'aiguille auxiliaire et mettez cette aiguille de côté.

5 Les mailles qui se trouvent maintenant sur l'aiguille auxiliaire croisent derrière les autres mailles de l'aiguille droite. Continuez de tricoter le reste du rang à l'envers. Il y a encore le même nombre de mailles dans le rang.

PROJET 6 : Blouson astrakan

Il s'agit là d'un blouson facile à porter qui se ferme jusqu'au col avec une fermeture éclair. Il est tricoté au point astrakan avec une grosse laine qui contraste avec les bords côtelés au point d'Aran. Une façon de se distinguer en mode en présentant une version augmentée de ce point traditionnel tricoté main. Pour votre côté sportif, utilisez une laine contrastée pour les côtes ou adoptez l'esprit des grands espaces par le choix d'une laine rustique.

Fournitures

1075 (1200, 1345) m 1175 (1310, 1470) v de grosse laine, couleur A

Environ 38 (40, 44) m 41 (44, 48) v de laine d'Aran, six couleurs pour les rayures B, C, D, E, F, G. Au total, 225 (240, 265) m 246 (265, 290) v

Aiguilles

1 paire d'aiguilles 4,5 mm (N° 7) pour les côtes

1 paire d'aiguilles 8 mm (N° 11) pour le blouson

1 paire d'aiguilles 6 mm (N° 10) pour les bords du milieu du devant

Épingles

1 aiguille à canevas

1 fermeture éclair séparable de 53 (55, 58) cm 21 (22, 23) po

Fils à coudre résistant et aiguille pour la fermeture

Dimensions

Longueur au milieu du dos : 53 (55, 58) cm 21 (22, 23) po

Bord épaule : 6,5 (9, 11,5) cm 2½ (3½, 4½) po

Tour de poitrine : 86 (96, 107) cm 34 (38, 42) po

Bord de la manche : 51 cm (20 po) pour toutes les tailles

Longueur des manches : 64 (66, 68) cm 25 (26, 27) po

Abréviations

m. – maille(s) ; **côté end.** – côté endroit ; **end.** – endroit ; **env.** – envers ; **rép.** – répéter ; **aig. dr.** – aiguille droite ; **2 m. ens. à l'end.** – 2 mailles ensemble à l'endroit ; **2 m. ens. à l'env.** – 2 mailles ensemble à l'envers ; **3 m. ens. à l'env.** – 3 mailles ensemble à l'envers.

Échantillon

En point astrakan sur les aiguilles 8 mm (N° 11) en laine épaisse : 16 mailles et 16 rangs de 10 cm (4 po).

En côtes 2/2 sur les aiguilles 4,5 mm (N° 7) et en laine d'Aran : 30 mailles et 24 rangs de 10 cm (4 po).

Point astrakan

Montez un multiple de 4 m. + 2 m.

1er rg : (côté end.) tricotez à l'env. jusqu'à la fin.

2e rg : 1 m. end., *(1 m. end., 1 m. env., 1 m. end.) toutes dans la m. suivante, 3 m. ens. à l'env. Rép. de * jusqu'à la dernière m., 1 m. end.

3e rg : tricotez à l'env. jusqu'à la fin.

4e rg : 1 m. end., *3 m. ens. à l'env., (1 m. end., 1 m. env., 1 m. end.) toutes dans la m. suivante. Rép. de * jusqu'à la dernière m., 1 m. end.

Répétez.

Côtes 2/2

Montez un multiple de 4 m. + 2 m.

1er rg : 2 m. end., (2 m. env., 2 m. end.) Rép. jusqu'à la fin.

2e rg : 2 m. env., (2 m. end., 2 m. env.) Rép. jusqu'à la fin.

Dos

Montez 70 (78, 86) m. sur les aiguilles 4,5 mm (N° 7) en couleur B (laine d'Aran).

Bande côtelée

Tricotez en côtes 2/2 :

Tricotez 2 rgs en couleur B, laine d'Aran, ainsi :

1er rg : 2 m. end., (2 m. env., 2 m. end.) jusqu'à la fin.

2e rg : 2 m. env., (2 m. end., 2 m. env.) jusqu'à la fin. Continuez en côtes 2/2, changez de couleur pour les rayures ainsi :

3 rgs en couleur C.

3 rgs en couleur D.

3 rgs en couleur E.

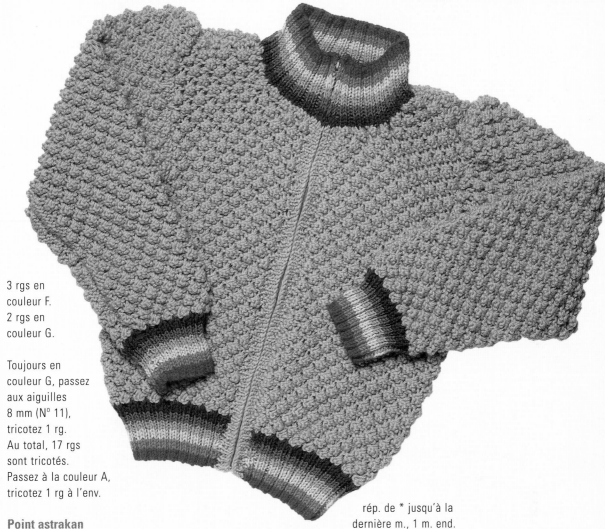

3 rgs en
couleur F.
2 rgs en
couleur G.

Toujours en
couleur G, passez
aux aiguilles
8 mm (Nº 11),
tricotez 1 rg.
Au total, 17 rgs
sont tricotés.
Passez à la couleur A,
tricotez 1 rg à l'env.

Point astrakan

1er rg : (côté end.) tricotez à l'env. jusqu'à la fin.
2e rg : 1 m. end., *(1 m. end., 1 m. env., 1 m. end.)
   toutes dans la m. suivante, 3 m. ens. à l'env.
   Rép. de * jusqu'à la dernière m., 1 m. end.
3e rg : tricotez à l'env. jusqu'à la fin.
4e rg : 1 m. end., *3 m. ens. à l'env., (1 m. end.,
   1 m. env., 1 m. end.) toutes dans la m. suivante.
   Rép. de * jusqu'à la dernière m., 1 m. end.
Rép. jusqu'au 40e rg.

Emmanchure

41e rg : rabattez 8 m., tricotez à l'env. jusqu'à
   la fin. Il reste 62 (70, 78) m.
42e rg : 1 m. end., **1 m. end., rabattez,
   3 m. ens. à l'env., rabattez, rép. 1 fois de **.
   On obtient une diminution de 8 m.
Continuez de tricoter le rg, en pt astrakan en
   commençant par * (1 m. end., 1 m. env., 1 m. end.)
   toutes dans la m. suivante, 3 m. ens. à l'env.,

rép. de * jusqu'à la
   dernière m., 1 m. end.
Il reste 54 (62, 70) m. à la fin du rg.
Continuez de tricoter selon le motif
   jusqu'au 67e (71e, 75e) rg.

Col

Côté droit

68e (72e, 76e) rg : (comme le 4e rg) travaillez
   13 (17, 21) m. selon le motif (ne tricotez pas
   ces m. avant de former le côté gauche du col).
Continuez de tricoter le rg, rabattez le derrière
   du col ainsi :
3 m. ens. à l'env., ** 1 m. end., rabattez, 3 m.
   ens. à l'env., rabattez. Rép. de ** 6 fois.
   (Il reste 1 m. sur l'aig. dr. après avoir rabattu.)
Continuez de tricoter le rg, en travaillant
   les m. restantes de l'épaule droite ainsi :
(1 m. end., 1 m. env., 1 m. end.) dans la m.
   suivante, *3 m. ens. à l'env., (1 m. end., 1 m.
   env., 1 m. end.) dans la m. suivante. Rép. de

* jusqu'aux 4 dernières m., 3 m. ens. à l'env., 1 m. end. Il reste 13 (17, 21) m. sur l'aiguille gauche.

69e (73e, 77e) rg : tricotez à l'env. les 13 (17, 21) m.

70e (74e, 78e) rg : *(1 m. end., 1 m. env., 1 m. end.) toutes dans la m. suivante, 3 m. ens. à l'env., rép. de * jusqu'à la dernière m., 1 m. end.

71e (75e, 79e) rg : tricotez à l'env. les 13 (17, 21) m.

72e (76e, 80e) rg : rabattez les 13 (17, 21) m. selon le motif : ***3 m. ens. à l'env., rabattez, 1 m. end., rabattez. Rép. de *** jusqu'à la fin.

Côté gauche

Raccordez la pelote aux m. non tricotées.

69e (73e, 77e) rg : tricotez à l'env. jusqu'à la fin.

70e (74e, 78e) rg : 1 m. end., * (1 m. end., 1 m. env., 1 m. end.) toutes dans la m. suivante, 3 m. ens. à l'env., rép. de *.

71e (75e, 79e) rg : tricotez à l'env. jusqu'à la fin.

72e (76e, 80e) rg : rabattez les 13 (17, 21) m. restantes selon le motif : 1 m. end., ***3 m. ens. à l'env., rabattez, 1 m. end., rabattez. Rép. de *** jusqu'à la fin.

Devant
Côté gauche

Montez 34 (38, 42) m. sur les aiguilles 4,5 mm (N° 7) en couleur B (laine d'Aran).

Continuez en côtes 2/2, changez de couleur pour les rayures :

2 rgs en couleur B.

3 rgs en couleur C.

3 rgs en couleur D.

3 rgs en couleur E.

3 rgs en couleur F.

2 rgs en couleur G.

Toujours en couleur G, passez aux aiguilles 8 mm (N° 11), tricotez 1 rg.

Passez à la couleur A, tricotez 1 rg à l'env.

Point astrakan

1er rg : (côté end.) tricotez à l'env. jusqu'à la fin.

2e rg : 1 m. end., *(1 m. end., 1 m. env., 1 m. end.) toutes dans la m. suivante, 3 m. ens. à l'env. Rép. de * jusqu'à la dernière m., 1 m. end.

3e rg : tricotez à l'env. jusqu'à la fin.

4e rg : 1 m. end., *3 m. ens. à l'env., (1 m. end., 1 m. env., 1 m. end.) toutes dans la m. suivante. Rép. de * jusqu'à la dernière m., 1 m. end.

Rép. jusqu'au 40e rg.

Emmanchure

41e rg : rabattez 8 m., tricotez à l'env.
Il reste 26 (30, 34) m.
Continuez selon le motif jusqu'au 61e rg.

Bande d'encolure

62e rg : 1 m. end., **1 m. end., rabattez,
3 m. ens. à l'env., rabattez. Rép. 1 fois de **.
Continuez selon le motif : *(1 m. end., 1 m.
env., 1 m. end.) toutes dans la m. suivante,
3 m. ens. à l'env. Rép. de * jusqu'à la
dernière m., 1 m. end. Il reste 18 (22, 26) m.

63e rg : tricotez à l'env. jusqu'à la fin.

64e rg : 1 m. end., 3 m. ens. à l'env., rabattez,
1 m. end. rabattez, 3 m. ens. à l'env., rabattez,
*(1 m. end., 1 m. env., 1 m. end.) dans la m.
suivante, 3 m. ens. à l'env. Rép. de *
jusqu'à la dernière m., 1 m. end.
Il reste 13 (17, 21) m. à la fin du rg.

65e rg : tricotez à l'env. jusqu'à la fin.

66e rg : *(1 m. end., 1 m. env., 1 m. end.)
toutes dans la m. suivante, 3 m. ens. à l'env.
Rép. de * jusqu'à la dernière m., 1 m. end.

67e rg : tricotez à l'env. jusqu'à la fin.

68e rg : *3 m. ens. à l'env., (1 m. end., 1 m.
env., 1 m. end.) toutes dans la m. suivante.
Rép. de * jusqu'à la dernière m., 1 m. end.

69e rg : tricotez à l'env. jusqu'à la fin.
Rép. le 66e et le 69e rg jusqu'au 71e (75e, 79e).
Rabattez toutes les m. selon le motif :

72e (76e, 80e) rg : 3 m. ens. à l'env., *1 m.
end., rabattez, 3 m. ens. à l'env., rabattez.
Rép. de *jusqu'aux 2 dernières m., rabattez.

Côté droit

Tricotez comme le côté gauche jusqu'au 41e rg.

Emmanchure

42e rg : 1 m. end., **1 m. end., rabattez, 3 m.
ens. à l'env., rabattez. Rép. 1 fois de **.
Continuez de tricoter le rg ainsi : *(1 m. end.,
1 m. env., 1 m. end.) toutes dans la m. suivante,
3 m. ens. à l'env. Rép. de * jusqu'à la
dernière m., 1 m. end. Il reste 26 (30, 34) m.
Continuez selon le motif jusqu'au 62e rg.

Bande d'encolure

63e rg : rabattez 8 m., tricotez à l'env. jusqu'à
la fin. Il reste 18 (22, 26) m. à la fin du rg.

64e rg : 1 m. end., *3 m. ens. à l'env., (1 m. end.,
1 m. env., 1 m. end.) toutes dans la m.

suivante, rép. de * jusqu'à la dernière m.,
1 m. end.

65e rg : rabattez 5 m., tricotez à l'env.
jusqu'à la fin. Il reste 13 (17, 21) m.

66e rg : 1 m. end., *(1 m. end., 1 m. env.,
1 m. end.) toutes dans la m. suivante, 3 m.
ens. à l'env. Rép. de * jusqu'à la fin du rg.

67e rg : tricotez à l'env. jusqu'à la fin.

68e rg : 1 m. end., *3 m. ens. à l'env.,
(1 m. end., 1 m. env., 1 m. end.) toutes dans
la m. suivante. Rép. de * jusqu'à la fin du rg.

69e rg : tricotez à l'env. jusqu'à la fin.
Répétez les 4 derniers rgs jusqu'au 71e (75e, 79e) rg.

72e (76e, 80e) rg : rabattez toutes les m.
selon le motif : 1 m. end., *3 m. ens. à l'env.,
rabattez, 1 m. end., rabattez. Rép. de*
jusqu'à la dernière m., rabattez.

Manches (tricoter la paire)

Montez 50 (54, 58) m. sur les aiguilles 4,5 mm
(No 7) en couleur B (laine d'Aran).
Continuez en côtes 2/2, changez de couleur
pour les rayures :

2 rgs en couleur B.
3 rgs en couleur C.
3 rgs en couleur D.
3 rgs en couleur E.
3 rgs en couleur F.
2 rgs en couleur G.
Toujours en couleur G, passez aux aiguilles
8 mm (No 11), tricotez 1 rg.
Passez à la couleur A, tricotez 1 rg à l'env.

Point astrakan

1er rg : (côté end.) tricotez à l'env. jusqu'à la fin.

2e rg : 1 m. end., *(1 m. end., 1 m. env., 1 m. end.)
toutes dans la m. suivante, 3 m. ens. à l'env.
Rép. de * jusqu'à la dernière m., 1 m. end.

3e rg : tricotez à l'env. jusqu'à la fin.

4e rg : 1 m. end., *3 m. ens. à l'env., (1 m. end.,
1 m. env., 1 m. end.) toutes dans la m. suivante.
Rép. de * jusqu'à la dernière m., 1 m. end.

Augmentation

5e rg : augmentez d'1 m. de chaque côté ainsi :
tricotez à l'env. le brin avant et arr. de la
première m., tricotez à l'env. la dernière m.,
tricotez à l'env. le brin avant et arr. de la m.
Vous obtenez 52 (56, 60) m.

6e rg : 2 m. end., *(1 m. end., 1 m. env., 1 m. end.)
toutes dans la m. suivante, 3 m. ens. à l'env.

Rép. de * jusqu'aux 2 dernières m., 2 m. end.

7e rg : tricotez à l'env. jusqu'à la fin.

8e rg : 2 m. end., *3 m. ens. à l'env. (1 m. end., 1 m. env., 1 m. end.) toutes dans la m. suivante. Rép. de * jusqu'aux 2 dernières m., 2 m. end.

9e rg : tricotez à l'env. jusqu'à la fin, augmentez d'1 m. à chaque fin de rang. Vous obtenez 54 (58, 62) m.

10e rg : 3 m. end., *(1 m. end., 1 m. env., 1 m. end.) toutes dans la m. suivante, 3 m. ens. à l'env. Rép. de * jusqu'aux 3 dernières m., 3 m. end.

11e rg : tricotez à l'env. jusqu'à la fin.

12e rg : 3 m. end., *3 m. ens. à l'env. (1 m. end., 1 m. env., 1 m. end.) toutes dans la m. suivante. Rép. de * jusqu'aux 3 dernières m., 3 m. end.

13e rg : tricotez à l'env., augmentez d'1 m. à chaque fin de rg. Vous obtenez 56 (60, 64) m.

14e rg : 4 m. end., *(1 m. end., 1 m. env., 1 m. end.) toutes dans la m. suivante, 3 m. ens. à l'env. Rép. de * jusqu'aux 4 dernières m., 4 m. end.

15e rg : tricotez à l'env. jusqu'à la fin.

16e rg : 4 m. end., *3 m. ens. à l'env. (1 m. end., 1 m. env., 1 m. end.) toutes dans la m. suivante. Rép. de * jusqu'aux 4 dernières m., 4 m. end.

17e rg : tricotez à l'env. jusqu'à la fin en augmentant d'1 m. à chaque fin de rang. Vous obtenez 58 (62, 66) m.

Rép. l'augmentation selon le motif du 2e rg au 17e rg, 2 fois, comme demandé, jusqu'au 49e rg. Vous obtenez 74 (78, 82) m.

Rép. l'augmentation selon le motif du 2e rg au 10e rg jusqu'au 58e rg. Vous obtenez 78 (82, 86) m.

59e rg : tricotez à l'env., augmentez d'1 m. à chaque fin de rg. Vous obtenez 80 (84, 88) m.

60e rg : 4 m. end., *3 m. ens. à l'env. (1 m. end., 1 m. env., 1 m. end.) toutes dans la m. suivante. Rép. de * jusqu'aux 4 dernières m., 4 m. end.

61e rg : tricotez à l'env. jusqu'à la fin en augmentant d'1 m. à chaque fin de rang. Vous obtenez 82 (86, 90) m.

62e rg : 1 m. end., *(1 m. end., 1 m. env., 1 m. end.) toutes dans la m. suivante, 3 m. ens. à l'env. Rép. de * jusqu'à la dernière m., 1 m. end.

63e rg : tricotez à l'env. jusqu'à la fin.

64e rg : 1 m. end., *3 m. ens. à l'env. (1 m. end., 1 m. env., 1 m. end.) toutes dans la m. suivante. Rép. de * jusqu'à la dernière m., 1 m. end.

65e rg : tricotez à l'env. jusqu'à la fin.

Rép. le 62e, 63e et 64e rg jusqu'au 68e rg.

Tête de manche

69e rg : rabattez 20 m. à l'env., tricotez à l'env. jusqu'à la fin.

70e rg : 1 m. end., **1 m. end., rabattez, 3 m. ens. à l'env., rabattez, rép. de ** 4 fois, *(1 m. end., 1 m. env., 1 m. end.) toutes dans la m. suivante, 3 m. ens. à l'env., rép. de * jusqu'à la dernière m., 1 m. end. Il reste 42 (46, 50) m.

71e rg : rabattez 8 m. à l'env., tricotez à l'env. jusqu'à la fin du rg. Il reste 34 (38, 42) m.

72e rg : 1 m. end., **3 m. ens. à l'env., rabattez, 1 m. end., rabattez, rép. de ** 1 fois, continuez : *3 m. ens. à l'env., (1 m. end., 1 m. env., 1 m. end.) toutes dans la m. suivante, rép. de * jusqu'à la dernière m., 1 m. end. Il reste 26 (30, 34) m.

73e rg : tricotez à l'env. jusqu'à la fin du rg.

74e rg : 1 m. end., *(1 m. end., 1 m. env., 1 m. end.), 3 m. ens. à l'env. Rép. de * jusqu'à la dernière m., 1 m. end.

75e rg : rabattez 4 m. à l'env., tricotez à l'env. jusqu'à la fin. Il reste 22 (26, 30) m.

76e rg : 1 m. end., 3 m. ens. à l'env., rabattez, 1 m. end., rabattez. Continuez ainsi : *3 m. ens. à l'env., (1 m. end., 1 m. env., 1 m. end.) toutes dans la m. suivante, rép. de * jusqu'à la dernière m., 1 m. end. Il reste 18 (22, 26) m.

77e rg : tricotez à l'env. jusqu'à la fin.

78e rg : 1 m. end., *(1 m. end., 1 m. env., 1 m. end.) toutes dans la m. suivante, 3 m. ens. à l'env. Rép. de * jusqu'à la dernière m., 1 m. end.

79e rg : rabattez 4 m. à l'env., tricotez à l'env. jusqu'à la fin. Il reste 14 (18, 22) m.

80e rg : 1 m. end., 3 m. ens. à l'env., rabattez, 1 m. end., rabattez. Continuez ainsi : *3 m. ens. à l'env., (1 m. end., 1 m. env., 1 m. end.) toutes dans la m. suivante, rép. de * jusqu'à la dernière m., 1 m. end. Il reste 10 (14, 18) m. Rabattez à l'envers.

Finitions et assemblage

Mettez toutes les pièces en forme et passez-les soigneusement à la vapeur. Rentrez les fils.

Bande du milieu du devant

À tricoter avec la paire d'aiguilles 6 mm (N° 10) et la couleur A.

Côté end., relevez 72 (74, 76) m. directement du bord du milieu du devant, du côté droit, depuis le bas des côtes à l'encolure ainsi :

12 m. relevées régulièrement des côtes, 60 (62, 64) m. relevées régulièrement du blouson. Tricotez 2 rg en côtes 1/1. Rabattez dans le sens des côtes. Répétez la même opération du côté gauche en travaillant de haut en bas, côté end. Rentrez les fils. Assemblez les épaules bord contre bord.

Col

NOTE : À cette étape, il est important de vérifier si la fermeture éclair choisie conviendra. Mesurez la longueur de la bande du milieu du devant et soustrayez-la à la longueur de la fermeture. Vous obtenez l'épaisseur des côtes dont vous avez besoin. Le motif utilise la même épaisseur pour les côtes et les ourlets. Si votre longueur diffère légèrement, ajoutez ou soustrayez quelques rangs de rayures pour obtenir le bon résultat.

Côté end., relevez 98 (106, 114) m. autour de l'encolure sur les aiguilles 4,5 mm (N° 7) en couleur G (laine d'Aran) ainsi :
Du milieu du devant droit au bord de l'épaule droite, relevez 28 (32, 36) m.
De l'arrière du col, relevez 42 m.
Du bord de l'épaule gauche au milieu du devant gauche, relevez 28 (32, 36) m.

Tricotez en côtes 2/2 avec la laine d'Aran selon le motif à rayures suivant :
2 rgs en couleur G.
3 rgs en couleur F.
3 rgs en couleur E.
3 rgs en couleur D.
3 rgs en couleur C.
2 rgs en couleur B.
Rabattez dans le sens des côtes en couleur B. Rentrez les fils.

Manches

(Voir page 71). Mettez le blouson à plat. Emboîtez la tête de manche dans l'emmanchure. Assemblez ces parties au point de matelas, en vous arrêtant aux deux extrémités du fil de bâti. Passez un fil de bâti le long de la tête de manche à l'emmanchure. (Mesure environ 27 cm (10½ po). Assemblez au point de matelas.

Fermeture

(Voir page 70). Fixez la fermeture à l'aide d'épingles et au point de bâti. Cousez-la au point arrière avec du fil résistant.

Couture

Assemblez les côtés.

Technique de pose de la fermeture

Pour poser une fermeture, il importe de le faire sans hâte afin d'obtenir une finition professionnelle. L'ouverture de la fermeture est cousue en général de quelques points sur le bord des rubans, ou tricotée de quelques rangées côtelées ou au point mousse pour donner un bord ferme qui a de la tenue. Choisissez une fermeture adaptée à la laine. La couleur est bien sûr importante, mais le poids est aussi à prendre en compte. Les grosses fermetures conviennent très bien aux laines épaisses, mais pour une moins grosse laine, optez pour une fermeture plus fine. Utilisez toujours une fermeture dont la longueur est la même que celle de l'ouverture. N'étirez pas le tricot pour poser une fermeture plus longue, il froncerait. Assembler une fermeture plus courte à un tricot aura pour conséquence de déformer la longueur du milieu du devant.

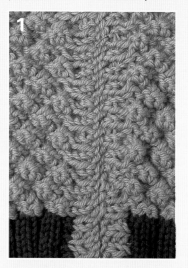

1 Étendez le tricot à plat, côté end. Épinglez-le et passez un fil de bâti contrasté le long des bords superposés. Mettez dans le même alignement le motif de rangs ou de mailles de chaque côté. Assurez-vous de mettre au même niveau les bords inférieurs et supérieurs. Retirez les épingles.

2 Retournez le tricot sur l'envers. Posez la fermeture côté endroit sur le vêtement. Épinglez et bâtissez la fermeture fermée. Assurez-vous de la bonne position des dents de la fermeture sur toute la longueur de l'ouverture. Retirez les épingles.

3 Retournez le tricot sur l'endroit. Gardez la fermeture fermée et à l'aide d'un fil très résistant et d'une couleur assortie, cousez-la au point arrière (voir page 31) dans un alignement parfait sur toute sa longueur. (Pour des besoins de clarté, un fil plus contrasté a été utilisé ici.)

4 Pour ne pas voir le fil sur le devant, passez la maille sur l'endroit sous le volume des côtes. Après avoir cousu les deux côtés de la fermeture, retirez le fil de bâti.

Former une boutonnière renforcée

Plutôt qu'une fermeture, vous pouvez essayer d'ajouter une boutonnière renforcée au point de riz. Tout d'abord, faites un échantillon sur une bande au point de riz, avec une paire d'aiguilles d'une taille inférieure à celle utilisée pour le blouson. Cela vous permettra de vérifier le nombre de mailles à relever sur l'ouverture. Avant de commencer à tricoter, voyez si la grosseur du bouton convient à la boutonnière. Indiquez les emplacements où vous voulez faire les boutonnières en les espaçant régulièrement sur le rang.

Former la bande de boutonnières

Reprenez les mailles et tricotez-les à l'endroit le long de l'ouverture. Tricotez un nombre de mailles impair pour exécuter le point de riz ; tous les rangs sont ainsi identiques. Tricotez au point de riz 1 m. end., (1 m. env., 1 m. end.), rép. jusqu'à la fin, pendant 3 rgs. Au 4ᵉ rg (boutonnière), tricotez au pt de riz à l'emplacement de la première boutonnière (habituellement à 3 m. du bord).

1

2

1 Rabattez le bon nombre de mailles pour votre boutonnière, à l'aide de la technique habituelle de rabattage (voir page 22). Continuez en point de riz jusqu'à la boutonnière suivante et répétez ainsi jusqu'à la fin du rang.

2 Au rang suivant, tricotez au point de riz jusqu'aux mailles à rabattre et montez le même nombre de mailles avec le pouce / montage avec boucle.

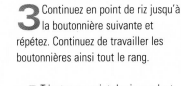

3 Continuez en point de riz jusqu'à la boutonnière suivante et répétez. Continuez de travailler les boutonnières ainsi tout le rang.

4 Tricotez au point de riz pendant 3 rangs et rabattez. Pour tricoter une bande plus large ou plus mince, ajustez le nombre de mailles nécessaire.

4

3

Former la boutonnière renforcée

Tricotez à l'endroit le même nombre de mailles et de rangs, sans les boutonnières, sur l'ouverture opposée. Pour bien placer les boutons, comptez les mailles entre les boutonnières et indiquez l'emplacement exact avec une épingle avant de les coudre.

Froncer le tricot

L'utilisation du fil de bâti est une façon simple de froncer le tricot avant de coudre les bords. Cette technique est employée pour la tête des manches bouffantes. Elle sert souvent aussi pour les chapeaux ainsi que pour les franges.

Prenez un brin de laine lisse ou un fil de couleur contrasté pour effectuer une couture grossière autour du bord de la tête de manche, en laissant dépasser les bouts du fil pour les tirer à la fin. Le tricot peut être desserré au fur et à mesure du passage du fil et froncé à la bonne longueur. Retirez le fil de bâti après avoir cousu le bord.

PROJET 7 : Manteau afghan

Une version extravagante du point astrakan borde l'ouverture du devant et les poignets de ce superbe manteau. Les lignes verticales en côtes 2/2 et l'ouverture en vis-à-vis allonge la silhouette. Ajustez la ceinture et les passants pour la nouer taille basse ou fermez par des cordons.

Fournitures

Laine principale
1000 (1140, 1190) m 1100 (1245, 1300) v
  en grosse laine
1 paire d'aiguilles 7 mm (N° 10½)

Bordure
150 (198, 250) m 165 (219, 275) v
  en super grosse laine polaire
1 paire d'aiguilles 7 mm (N° 10½)
1 aiguille à canevas

Dimensions

Longueur au milieu du dos : 96 (99, 101,5) cm
  38 (39, 40) po
Tour de poitrine et des hanches :
  100 (110,5, 123) cm 39½ (43½, 48½) po
Longueur des manches : 48 cm (19 po)
  pour toutes les tailles.

Échantillon

Laine principale
En côtes 2/2 sur les aiguilles 7 mm (N° 10½) après la mise en forme : 14 mailles et 16 rangs de 10 cm (4 po).

Bordure
En point astrakan (voir page 60) sur les aiguilles 7 mm (N° 10½) : 8 mailles et 12 rangs de 10 cm (4 po).

Abréviations

m. – maille(s); **end.** – endroit; **env.** – envers;
dim. 1 m. – glisser 1 maille, 1 maille endroit, passer la maille glissée par-dessus la maille tricotée;
2 m. ens. à l'end. – 2 mailles ensemble à l'endroit;
2 m. ens. à l'env. – 2 mailles ensemble à l'envers;
côté env. – côté envers; **côté end.** – côté endroit;
rép. – répéter; **déb.** – début

Technique de la boucle
  (à monter avec souplesse)
Les boucles apparaissent sur l'endroit du manteau.
1er rg : tricotez à l'end.

2e rg : rg de boucles :
Tricotez la maille à l'endroit sans la laisser tomber de l'aiguille gauche. Placez le brin devant entre les aiguilles et enroulez-le une fois autour de votre pouce gauche, de gauche à droite. Replacez le brin derrière entre les aiguilles et tricotez une autre fois dans la même maille de l'aiguille gauche (en formant ainsi 2 nouvelles m. à partir de la première m.). Laissez tomber la m. de l'aiguille gauche. Remettez les 2 m. sur l'aiguille gauche et tricotez-les ensemble en prenant les deux mailles par derrière. Répétez tout le rg.

Dos

Montez 70 (78, 86) m. avec la laine principale.
Tricotez en côtes 2/2.
1er rg : 2 m. env., *(2 m. end., 2 m. env.), rép. de * jusqu'à la fin.
2e rg : 2 m. end., *(2 m. env., 2 m. end.), rép. de * jusqu'à la fin.
Répétez le 1er et le 2e rang jusqu'au 110e rang. Arrêtez-vous à la longueur désirée.

Emmanchure

111e rg : rabattez 2 m. au déb. du rg (1ère m. de l'aiguille droite), 1 m. end., *(2 m. env., 2 m. end.), rép. de * jusqu'aux 2 dernières m., 2 m. env.
112e rg : rabattez 2 m. au déb. du rg (1ère m. de l'aiguille droite), 1 m. env., *(2 m. end., 2 m. env.), rép. de * jusqu'à la fin.
113e rg : 2 m. end., dim. 1 m., 2 m. end., *(2 m. env., 2 m. end.), rép. de * jusqu'à la fin.
114e rg : 2 m. env., dim. 1 m., 2 m. env., *(2 m. end., 2 m. env.), rép. de * jusqu'aux 3 dernières m., 1 m. end, 2 m. env.
115e rg : 2 m. end., dim. 1 m., 1 m. end., *(2 m. env., 2 m. end.), rép. de * jusqu'aux 3 dernières m., 1 m. env., 2 m. end.

116ᵉ rg : 2 m. env., dim. 1 m., 1 m. env., *(2 m. end., 2 m. env.),
rép. de * jusqu'aux 2 dernières m., 2 m. env.
117ᵉ rg : 2 m. end., dim. 1 m., 2 m. env., *(2 m. end., 2 m. env.),
rép. de * jusqu'aux 4 dernières m., 4 m. end.
118ᵉ rg : 2 m. env., dim. 1 m., 2 m. end., *(2 m. env., 2 m.
end.), rép. de * jusqu'aux 3 dernières m., 3 m. env.
119ᵉ rg : 2 m. end., dim. 1 m., 1 m. env.,
*(2 m. end., 2 m. env.), rép. de * jusqu'aux
3 dernières m., 3 m. end.
120ᵉ rg : 2 m. env., dim. 1 m., 1 m. end.,
2 m. env., *(2 m. end., 2 m. env.),
rép. de * jusqu'à la fin.
Vous obtenez 58 (66, 74) m.
Continuez en côtes jusqu'au
154ᵉ (158ᵉ, 162ᵉ) rg.
Rabattez toutes les m.
dans le sens des côtes.

Devant
Côté gauche
Montez 28 (32, 36) m. et
tricotez en côtes 2/2.
1ᵉʳ rg : *(2 m. env., 2 m. end.),
rép. de * jusqu'à la fin.
Continuez en côtes 2/2 comme demandé
jusqu'au 106ᵉ rg. Ajustez la longueur
avec le devant, s'il y a lieu.
107ᵉ rg : *(2 m. env., 2 m. end.),
rép. de * jusqu'à la fin.
108ᵉ rg : 2 m. ens. à l'env., 2 m. end.
(2 m. env., 2 m. end.) jusqu'à la fin.
Il reste 27 (31, 35) m.
Tricotez 2 rg en côtes 2/2 comme
demandé sans modification.

Emmanchure
111ᵉ rg : rabattez 2 m. au déb. du rg
(1ᵉʳᵉ m. de l'aiguille droite), 1 m. end.,
*(2 m. env., 2 m. end.), rép. de *
jusqu'aux 3 dernières m., 2 m. env., 1 m. end.
Il reste 25 (29, 33) m.
112ᵉ rg : 1 m. env., *(2 m. end., 2 m. env.),
rép. de * jusqu'à la fin.
113ᵉ rg : 2 m. end., dim. 1 m., (2 m. end., 2 m. env.),
jusqu'à la dernière m., 1 m. end.
Il reste 24 (28, 32) m.
114ᵉ rg : 2 m. ens. à l'end., 1 m. end., 2 m. env.,
*(2 m. end., 2 m. env.), rép. de * jusqu'aux
3 dernières m., 1 m. end., 2 m. env.
Il reste 23 (27, 31) m.
115ᵉ rg : 2 m. end., dim. 1 m., 1 m. end.,

*(2 m. env., 2 m. end.), rép. de * jusqu'aux
2 dernières m., 2 m. env. Il reste 22 (26, 30) m.
116ᵉ rg : *(2 m. end., 2 m. env.), rép. de *
jusqu'aux 2 dernières m., 2 m. env.
117ᵉ rg : 2 m. end., dim. 1 m., 2 m. env.,
*(2 m. end., 2 m. env.), rép. de *
jusqu'à la fin. Il reste 21 (25, 29) m.
118ᵉ rg : *(2 m. end., 2 m. env.), rép. de *
jusqu'à la dernière m., 1 m. env.
119ᵉ rg : 2 m. end., dim. 1 m., 1 m. env.,
*(2 m. end., 2 m. env.), rép. de * jusqu'à
la fin. Il reste 20 (24, 28) m.
120ᵉ rg : 2 m. ens. à l'end., 2 m. env.,
* (2 m. end., 2 m. env.), rép. de *
jusqu'à la fin. Il reste 19 (23, 27) m.

121ᵉ rg : *(2 m. end., 2 m. env.), rép. de *
jusqu'aux 3 dernières m., 2 m. end., 1 m. env.

122ᵉ rg : 1 m. end., 2 m. env., *(2 m. end.,
2 m. env.), rép. de * jusqu'à la fin.

123ᵉ rg : *(2 m. end., 2 m. env.), rép. de *
jusqu'aux 3 dernières m., 2 m. end., 1 m. env.

124ᵉ rg : 2 m. ens. à l'env., 1 m. env.,
*(2 m. end., 2 m. env.), rép. de * jusqu'à
la fin. Il reste 18 (22, 26) m.

125ᵉ rg : *(2 m. end., 2 m. env.), rép. de *
jusqu'aux 2 dernières m., 2 m. end.

Continuez de tricoter en côtes 2/2 jusqu'au
154ᵉ (158, 162) rg.

Épaule

155ᵉ (159ᵉ, 163ᵉ) rg : rabattez 6 (8, 8) m. dans
le sens des côtes au déb. du rg, tricotez en
côtes jusqu'à la fin du rg. Il reste 12 (14, 18) m.

156ᵉ (160ᵉ, 164ᵉ) rg : 2 m. env., *(2 m. end.,
2 m. env.), rép. de * jusqu'à la fin.

157ᵉ (161ᵉ, 162ᵉ) rg : rabattez 6 (7, 9) m. dans
le sens des côtes au déb. du rg, tricotez en
côtes jusqu'à la fin du rg. Il reste 6 (7, 9) m.
Rabattez les 6 (7, 9) m. restantes dans le
sens des côtes.

Côté droit

Tricotez comme le côté gauche en inversant
les modifications.

Manches (tricoter la paire)

Poignet en astrakan

Montez 21 (23, 25) m. sur les aiguilles 7 mm
(Nᵒ 10½) en laine polaire.

1ᵉʳ rg : tricotez à l'end.

2ᵉ rg : faites des boucles dans toutes les mailles.
Répétez le 1ᵉʳ et le 2ᵉ rg jusqu'au 8ᵉ rg.

Laine principale

Passez à la couleur principale et aux aiguilles
7 mm (Nᵒ 10½).

1ᵉʳ rg : augmentez de 2 m. dans chaque m. ainsi :
Tricotez à l'envers dans le brin avant et arrière
de la première maille. Tricotez à l'endroit
dans le brin avant et arrière de la seconde
maille. Tricotez le rang entier ainsi.
Vous obtenez 42 (46, 50) m.

2ᵉ rg : 2 m. env., *(2 m. end., 2 m. env.),
rép. de * jusqu'à la fin.

3ᵉ rg : 2 m. end., *(2 m. env., 2 m. end.),
rép. de * jusqu'à la fin.

4ᵉ rg : continuez en côtes 2/2, augmentez d'1 m.
à chaque fin de rg. Vous obtenez 44 (48, 52) m.
Continuez en côtes 2/2, augmentez d'1 m.
à chaque fin de rg tous les 4 rgs jusqu'au
64ᵉ rg. Vous obtenez 74 (78, 82) m.
Tricotez 2 rg en côtes 2/2, terminez par un rg env.
Ajustez la longueur des manches, s'il y a lieu.

67ᵉ au 74ᵉ rg : tricotez en côtes, diminuez
d'1 m. au déb. et d'1 m. à la fin de chaque
rg pour ces 8 rgs. Il reste 58 (62, 66) m.
Rabattez dans le sens des côtes.

Bordure du devant et col

Droit

Montez 5 (7, 7) m. sur les aiguilles 7 mm
(Nᵒ 10½) en laine pour la garniture.

1ᵉʳ rg : end.

2ᵉ rg : faites des boucles dans toutes les m.
Ajustez la longueur si vous l'avez fait pour
la longueur du manteau.

67ᵉ (71ᵉ, 75ᵉ) rg : côté env., augmentez
d'1 m. au déb. du rg, tricotez le rg à l'end.
Tricotez 9 rgs en suivant le motif.

77ᵉ (81ᵉ, 85ᵉ) rg : côté env., augmentez
d'1 m. au déb. du rg.
Tricotez 9 rgs en suivant le motif.

87ᵉ (91ᵉ, 95ᵉ) rg : côté env., augmentez
d'1 m. au déb. du rg.
Continuez jusqu'au 110ᵉ (114ᵉ, 118ᵉ) rg ou
jusqu'à ce que la longueur corresponde
à celle du devant.
Tricotez 10 (12, 14) autres rgs selon le motif
ou jusqu'à ce que la bande rejoigne le milieu
du dos du col. Rabattez.

Gauche

Tricotez comme le côté droit jusqu'au 66ᵉ rg.

67ᵉ (71ᵉ, 75ᵉ), 77ᵉ (81ᵉ, 85ᵉ), 87ᵉ (91ᵉ, 95ᵉ) rg :
augmentez d'1 m. à la fin du rg.
Tricotez jusqu'à obtenir la longueur
correspondante au côté droit.

Assemblage

Mettez les pièces en forme et passez-les
délicatement à la vapeur sur l'env. pour
bien les aplatir.
Assemblez les épaules au point de matelas.
Assemblez les pièces de la bordure du devant
à l'arrière du col au point de matelas.
Assemblez les bords aux devants et à l'arrière
du col, en superposant le milieu du dos au

milieu de l'arrière du col.

Travaillez au point de matelas et veillez à ce que le milieu des manches rejoigne parfaitement le bord de l'épaule, cousez les manches à l'emmanchure. Veillez à bien superposer les 2 premiers rangs de diminutions des manches à la partie de mailles rabattues de l'emmanchure.

Assemblez les côtés et les bords des manches. Passez délicatement toutes les pièces à la vapeur.

Attaches

Le manteau peut se fermer soit avec une ceinture et ses passants ou par des cordonnets.

Ceinture

Tricotez en côtes 1/1 4cm (1½ po) de largeur et 145 cm (155, 165) 57 (61, 65) po de longueur.

Montez 9 m.

1er rg : 1 m. end., *(1 m. env., 1 m. end.), rép. de * jusqu'à la fin.

2e rg : 1 m. env., * (1 m. end., 1 m. env.), rép. de * jusqu'à la fin.

Répétez jusqu'à obtenir une longueur de 145 (155, 165) cm 57 (61, 65) po.

Rabattez.

Passants de la ceinture (tricoter la paire)

(Voir page 76).

Coupez 50 cm (20 po) dans la laine principale, pliez en 4, tortillez et nouez la laine pour obtenir une longueur de 20 cm (8 po). Glissez les extrémités dans la couture de côté au niveau de la taille basse de chaque côté afin qu'elles correspondent à la largeur de la ceinture, et nouez à chaque extrémité sur l'envers. Coupez les fils avec soin.

Cordons (en confectionner 6)

Coupez 180 cm (71 po) dans la laine principale, pliez 4 fois, tortillez et nouez pour obtenir une longueur de 25 cm (10 po).

Attachez le premier cordon au milieu du bord au devant du côté droit. Placez-le au même niveau que le bas de l'emmanchure.

Attachez le deuxième cordon du côté gauche de manière à le placer à la même hauteur.

Attachez le reste des cordons par paire à 15 cm (6 po) d'intervalles dans la partie inférieure du milieu du devant.

Les cordons et les passants de la ceinture

Le manteau afghan se ferme soit par une ceinture ou des cordonnets, ou les deux à la fois ! Le cordon torsadé peut servir aux deux bordures. Il s'agit d'une technique pratique visant à confectionner des attaches à partir de la même laine que celle du manteau ou d'une autre laine contrastée. Vous pouvez vous exercer à confectionner des cordons d'épaisseurs différentes, et à utiliser divers types de laines et de coloris. Ce type de cordon peut aussi servir à fermer des vêtements de tricot et des accessoires par coulissage. Il est possible également de le confectionner sur une plus grande échelle et même réaliser une ceinture à nouer. On peut également obtenir des attaches et des cordons en tressant les laines ensemble, exactement comme on natte les cheveux.

Cordon torsadé

1 Coupez ou pliez le nombre de brins requis. Comptez environ l'équivalent de deux fois et demie la longueur voulue du cordon. Nouez ou pliez les brins aux deux extrémités et fixez une extrémité sur une surface dure à l'aide d'un ruban de masquage ou attachez cette partie à un crochet libre ou une poignée de porte.

2 Tenez l'autre extrémité libre et entortillez-la jusqu'à obtenir un cordon bien serré.

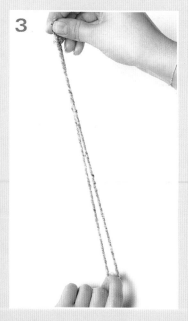

3 Tenez le cordon torsadé dans le milieu d'une main et ramenez les deux extrémités bout à bout.

4 Les deux moitiés s'entortilleront pour former le cordon. Éliminez les irrégularités et attachez chaque extrémité ensemble.

Attacher les passants de la ceinture

Coupez une longueur de 20 cm (8 po) de cordon.

1 Sur le côté, indiquez l'emplacement en haut et en bas de la ceinture à l'aide de deux épingles à 8 cm (3 po) de distance. Avec les doigts ou un crochet, rentrez les extrémités sous les mailles de la couture, de l'endroit sur l'envers, comme indiqué.

2 Nouez solidement les bouts ensemble sur l'envers. Coupez soigneusement les fils qui dépassent.

Attacher les cordonnets

Pour le manteau afghan, coupez six longues attaches comme demandé. Rentrez les fils pour obtenir une garniture à gland impeccable à l'extrémité nouée de chaque cordonnet. À noter que ces attaches sont plus épaisses que les passants de la ceinture, puisqu'il y a plus de brins de laine. Vous pouvez varier le nombre de brins torsadés pour obtenir différentes grosseurs d'attaches.

Indiquez l'emplacement des attaches au niveau du bord du devant, à deux mailles du bord du milieu du devant à l'aide d'épingles. Veillez à ce que les attaches gauche et droite soient bien positionnées.

2 Tirez le bout du cordon à travers le passant de l'extrémité pliée.

1 Sur l'endroit et à l'aide d'un crochet ou des doigts, glissez la pointe du bout plié du cordon à travers les mailles épinglées sur l'envers et ramenez-le sur l'endroit à travers la maille du dessus.

3 Passez le cordon à travers pour le tendre et fixez-le.

PROJET 8 : Poncho pour enfant

Ce poncho parsemé de fleurs conviendra aux filles de tout âge. Tricotés facilement au point mousse, les motifs floraux et les cordons en forme de feuille sont des décorations qui s'appliquent une fois le poncho tricoté. Les techniques présentées proposent des façons simples visant à vous exercer à des motifs en apparence complexes.

Fournitures

880 m 960 v de grosse laine
1 paire d'aiguilles 8 mm (N° 11)
1 paire d'aiguilles 7 mm (N° 10½) pour côtes et fleurs

Échantillon

En point mousse sur les aiguilles 8 mm (N° 11) :
14 mailles et 18 rangs de 10 cm (4 po)

Point mousse

1er rg : (1 m. env., 1 m. end.), rép. jusqu'à la fin du rg.
2e rg : (1 m. env., 1 m. end.), rép. jusqu'à la fin du rg.
3e rg : (1 m. end., 1 m. env.), rép. jusqu'à la fin du rg.
4e rg : (1 m. end., 1 m. env.), rép. jusqu'à la fin du rg.

Dimensions (Fillette de 4 à 6 ans).

Longueur au milieu du devant du col au poignet : 42 cm (16½ po).

Abréviations

end. – endroit; **env.** – envers; **m.** – maille(s); **rép.** – répéter; **surj. s.** – simple : passer la maille tricotée par-dessus la maille tricotée; **j.** – jeté; **2 m. ens. à l'end.** – 2 mailles ensemble à l'endroit; **2 m. ens. à l'env.** – 2 mailles ensemble à l'envers; **dim. 1 m.** – glisser 1 maille, 1 maille endroit, passer la maille glissée par-dessus la maille tricotée.

Poncho

Le poncho se tricote en quatre panneaux identiques de la manière suivante :
Montez 89 m. sur les aiguilles 8 mm (N° 11).
1er rg : 1 m. env., (1 m. end., 1 m. env.),
rép. jusqu'à la fin (finir par m. env.).
2e rg : 2 m. ens. à l'end., (1 m. env., 1 m. end.),
jusqu'aux 2 dernières m., 2 m. ens. à l'end.
Rép. le 1er et le 2e rg jusqu'au 40e rg, en diminuant de chaque côté tous les 2 rgs, et en finissant par 2 m. ens. à l'end. Il reste 49 m.
41e rg : 2 m. ens. à l'end., (1 m. env., 1 m. end.),
jusqu'aux 2 dernières m., 2 m. ens. à l'end.
42e rg : 2 m. ens. à l'env., (1 m. end., 1 m. env.),
jusqu'aux 2 dernières m., 2 m. ens. à l'env.
43e rg : 2 m. ens. à l'env., (1 m. env., 1 m. env.),
jusqu'aux 2 dernières m., 2 m. ens. à l'env.
44e rg : 2 m. ens. à l'end., (1 m. env., 1 m. end.),
jusqu'aux 2 dernières m., 2 m. ens. à l'end.

Rép. 3 fois du 41e rg au
44e rg jusqu'au 56e rg.
57e rg : rép. le 41e rg.
Il reste 15 m.

Col

Passez aux aiguilles 7 mm (N° 10½)
et tricotez en côtes 1/1 ainsi :
58e rg : 1 m. end., (1 m. env., 1 m. end.)
jusqu'à la fin du rg.
59e rg : 1 m. end., (1 m. end., 1 m. env.)
jusqu'à la fin du rg.
Rép. le 58e et le 59e rg pour obtenir en tout 6 rgs en côtes. Rabattez dans le sens des côtes.

Fleurs

Réalisez 26 pétales et 4 milieux (6 pétales serviront à faire les cordons.) Tricotez avec les aiguilles 7 mm (N° 10½) et la même laine.

Pétales

Montez 3 m.
1er rg : toutes les m. à l'end.
2e rg : toutes les m. à l'env.
3e rg : 1 m. end., j., 1 m. end., j., 1 m. end.
4e rg : env.
5e rg : 2 m. end., j., 1 m. end., j., 2 m. end.
6e rg : env.
7e rg : 3 m. end., j., 1 m. end., j., 3 m. end.
8e rg : env.
9e rg : 4 m. end., j., 1 m. end., j., 4 m. end. Donne 11 m.
10e rg : env.
11e rg : end.
12e rg : env.
13e rg : 3 m. end., 1 m. gl., surj. s., 1m. end.,
2 m. ens. à l'end., 3 m. end.
14e rg : env.
15e rg : 2 m. end., 1 m. gl., surj. s., 1m. end.,
2 m. ens. à l'end., 2 m. end.
16e rg : env.
17e rg : 1 m. end., 1 m. gl., surj. s., 1m. end.,
2 m. ens. à l'end., 1 m. end.
18e rg : env.

19e rg : 1 m. gl., 1m. end., surj. s., 1 m. end.,
2 m. ens. à l'end.

20e rg : 3 m. env.

21e rg : 1 m. gl., 2 m. ens. à l'end., surj. s.
Rabattez (coupez et rentrez les fils).

Milieux

Montez 3 m.

1er rg : tricotez à l'end. dans le brin avant et
le brin arr. de chaque m. Vous obtenez 6 m.

2e rg : tricotez à l'end. dans le brin avant et
le brin arr. de chaque m. Vous obtenez 12 m.

3e rg : gl. la 1ère m., tricotez à l'end. jusqu'à la
dernière m., gl. celle-ci.

4e rg : 2 m. ens. à l'end. tout le rg. Il reste 6m.

5e rg : 2 m. ens. à l'end. tout le rg. Il reste 3 m.

6e rg : 1 m. gl., 2 m. ens. à l'end., surj. s.
Passez le fil dans les mailles et arrêtez.

Finitions et assemblage

Mettez toutes les pièces en forme et passez-les à
la vapeur. Assemblez 3 côtés au point de matelas
du bord inférieur au bord supérieur des côtes,
en travaillant à 1 maille du bord. Assemblez
le 4e côté (milieu du devant) du bord inférieur
à 6 cm (2½ po) sous les côtes pour l'encolure.
Prenez 5 pétales pour former chaque fleur,
agencez une fleur sur chacun des
4 panneaux comme dans le diagramme.
Cousez-les avec la laine. Ajoutez
un milieu dans la partie centrale
de chaque fleur, en recouvrant
simplement la pointe du pétale.
Note : Les six paires de pétales
servriont à confectionner les
cordons en forme de feuille.

Cordons en forme de feuille (Voir page 80).
Coupez deux longueurs de tresses de 20 cm (8 po).
Nouez les extrémités. Prenez les 6 paires de
pétales pour réaliser les feuilles. Superposez
deux pétales pour former une feuille à deux côtés.
En commençant par la base de la feuille, faufilez
la feuille et laissez une petite ouverture. Glissez
le nœud de la tresse dans cet espace et cousez
pour le refermer. Répétez la même opération pour
les deux autres pétales afin de confectionner l'autre
queue tressée. Cousez la 3e feuille à 2 cm (3/4 po)
de distance de la feuille de l'une des tresses. Rentrez
les pointes des tresses en les passant à travers le bord
de l'ouverture côtelée, de l'end. à l'env. de l'encolure,
et cousez les extrémités nouées sur l'envers.

Confectionner les cordons

Les cordons sont un moyen simple et pratique de fermer un vêtement. Ces liens décoratifs du poncho enfant sont garnis de pétales tricotés et de laine tressée. Ils sont cousus de chaque côté de l'encolure sur le milieu du devant. Pour une version adulte, des cordons plus longs peuvent être passés tout autour de l'encolure. Toutefois, pour des raisons de sécurité, il est recommandé de ne pas utiliser ce type de fermeture pour un enfant.

Coupez six longueurs de 25 cm (10 po) de laine. Nouez à un bout et tressez les brins ensemble sur 20 cm (8 po). Nouez cette extrémité et coupez les fils. Mettez ces pièces en forme, passez-les à la vapeur et cousez la base des pétales avant de les assembler.

1 Superposez deux pétales pour former une feuille à deux côtés. En commençant à la base du pétale, faufilez tout le bord et laissez une petite ouverture à la base.

2 Glissez un bout noué de la tresse dans cet espace et cousez soigneusement pour bien le refermer. Répétez la même opération pour réaliser une autre queue tressée.

3 Faufilez les deux pétales restants pour former une autre feuille que vous cousez à 2 cm (¾ po) de distance de la feuille de l'une des tresses.

4 Rentrez les pointes des tresses en les passant à travers le bord de l'ouverture côtelée, de l'endroit à l'envers de l'encolure.

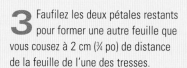

5 Cousez les bouts noués sur l'envers et rentrez tous les fils.

Poser des fleurs décoratives

Ces fleurs tricotées en jersey endroit sont une façon simple d'ajouter des éléments décoratifs à des vêtements tricotés. On obtient de meilleurs résultats sur un fond en relief ou sur un jersey envers. Vous pouvez essayer de les travailler dans une couleur contrastée ou à partir de l'autre motif de pétale pour varier.

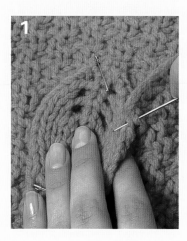

Mettez les pièces en forme, passez-les à la vapeur et cousez les extrémités de tous les pétales et du tricot poncho avant de les coudre. Épinglez les pétales sur l'endroit du poncho.

1 Passez la laine dans une aiguille à canevas et piquez du côté envers du tricot et remontez au milieu d'une maille lisière du pétale. Piquez dans une maille du poncho et remontez jusqu'à la maille lisière suivante du pétale. Continuez ainsi autour du pétale et arrêtez le fil sur l'envers du poncho.

2 Cousez le pompon du milieu et coupez les fils sur l'envers.

Variation

Le modèle du poncho peut être aussi tricoté en jersey envers garni d'un bord au point mousse. Vous pouvez vous amuser à varier les emplacements des fleurs. Essayez également de travailler cet autre pétale, qui comprend des augmentations, en tricotant dans les mailles ci-dessous comme « 1 aug. » (voir page 25) au lieu de faire un jeté.

Pétales supplémentaires

Montez 2 m.

1er rg : 1 m. end., j., 1 m. end.

2e rg : env.

3e rg : 1 m. end., 1 aug., 1 m. end., 1 aug., 1 m. end.

4e rg : env.

5e rg : 2 m. end., 1 aug., 1 m. end., 1 aug., 2 m. end.

6e rg : env.

7e rg : 3 m. end., 1 aug., 1 m. end., 1 aug., 3 m. end. Vous obtenez 9 m.

8e rg : env.

9e rg : end.

10e rg : env.

11e rg : end.

12e rg : env.

13e rg : 3 m. end., 1 m. gl., 2 m. ens. à l'end., surj. s., 3 m. end. Il reste 7 m.

14e rg : env.

15e rg : 2 m. end., 1 m. gl., 2 m. ens. à l'end., surj. s., 2 m. end. Il reste 5 m.

16e rg : env.

17e rg : 1 m. end., 1 m. gl., 2 m. ens. à l'end., surj. s., 1 m. end.

18e rg : env.

19e rg : 1 m. gl., 2 m. ens. à l'end., surj. s. Rabattez.

Cousez ces pétales de la même façon, avec un pompon au milieu, mais essayez d'utiliser 4 pétales pour chaque fleur.

PROJET 9 : Pull dentelle à col boule

Duveteux et léger, ce mohair doux est tricoté dans un motif de dentelle lâche. Il est garni d'un immense col boule enveloppant, de poignets et de bords en côtes épaisses. Vous pouvez mettre en valeur ce vaporeux pull féminin en le brossant délicatement pour lui donner un raffinement suprême ou jouer sur les rayures afin d'accentuer l'effet d'ondulation dans la maille en relief.

Fournitures

600 (790) m 660 (865) v de grosse laine mohair luxueuse
1 paire d'aiguilles 5 mm (N° 8)
1 paire d'aiguilles 5,5 mm (N° 9)
1 paire d'aiguilles 7 mm (N° 10½)
2 arrête-mailles (pour le col)
1 aiguille à canevas

Échantillon

En point de dentelle sur les aiguilles 7 mm (N° 10½) :
   12 mailles et 20 rangs de 10 cm (4 po).

Point dentelle

Montez un multiple de 12 m. + 1m.
1er rg : end.
2e rg : env.
3e rg : point dentelle : 1 m. end., (2 m. ens. à l'end., 2 m. ens. à l'end., j., 1 m. end., j., 1 m. end., j., 1 m. end., j., 2 m. ens. à l'end., 2 m. ens. à l'end., 1 m. end.)
4e rg : end.
Rép. du 1er au 4e rg.

Dimensions

Longueur au milieu du dos : 52 (56) cm 20½ (22) po
Tour de poitrine : 95 (114) cm 37½ (45) po
Longueur des manches : 52 cm (20½ po)

Abréviations

m. – maille(s); **côté end.** – côté endroit; **côté env.** – côté envers; **end.** – endroit; **env.** – envers; **rép.** – répéter; **2 m. ens. à l'end.** – 2 mailles ensemble à l'endroit; **2 m. ens. à l'env.** – 2 mailles ensemble à l'envers; **j.** – jeté : passer le fil devant l'ouvrage pour faire un jeté.

Dos

Côtes 1/1
Montez 61 (73) m. sur les aiguilles 5,5 mm (N° 9)
1er rg : 1 m. end., (1 m. env., 1 m. end.) jusqu'à la fin.
2e rg : 1 m. env., (1 m. end., 1 m. env.) jusqu'à la fin.
Tricotez 20 rgs.

Point dentelle

Avec les aiguilles
   7 mm (N° 10½) :
1er rg : end.
2e rg : env.
3e rg : 1 m. end., (2 m. ens. à l'end., 2 m. ens. à l'end., j., 1 m. end., j., 1 m. end., j., 1 m. end., j., 2 m. ens. à l'end., 2 m. ens. à l'end., 1 m. end.) jusqu'à la fin.
4e rg : end.
Rép. du 1er au 4e rg jusqu'au 68e rg (ou jusqu'à atteindre 46 cm (18 po) de hauteur, en finissant le 4e rg avec le point demandé)
Rép. du 1er au 4e rg pendant 12 (24) autres rgs jusqu'au 80e (94e)rg.

Épaule

Diminuez de 6 m. au début des 4 rangs suivants, puis 6 (9) m. au début des 2 rg suivants en respectant ce motif :
81e (95e) rg : rabattez 6 (6) m., tricotez à l'end. jusqu'à la fin.
82e (96e) rg : rabattez 6 (6) m. à l'env., tricotez à l'env. jusqu'à la fin.
83e (97e) rg : rabattez 6 (6) m., continuez de travailler le motif du 3e rg : 1 m. end., (2 m. ens. à l'end., 2 m. ens. à l'end., j., 1 m. end., j. 1 m. end., j. 1 m. end., j. 2 m. ens. à l'end., 2 m. ens. à l'end., 1 m. end.) jusqu'aux 6 dernières m., tricotez à l'end. les 6 dernières m.
84e (98e) rg : rabattez 6 (6) m., tricotez à l'end. jusqu'à la fin.
85e (99e) rg : rabattez 6 (9) m. à l'end., tricotez à l'end. jusqu'à la fin.
86e (100e) rg : rabattez 6 (9) m. à l'env., mettez les 25 (31) m. restantes en attente sur un arrête-mailles pour l'arrière du col.

Devant

Tricotez comme le dos jusqu'au 68e rg (ou jusqu'à atteindre 46 cm (18 po) de hauteur, finissez le 4e rg avec le point demandé).
Tricotez les 16 rgs suivants ainsi :

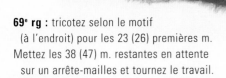

69e rg : tricotez selon le motif
(à l'endroit) pour les 23 (26) premières m.
Mettez les 38 (47) m. restantes en attente
sur un arrête-mailles et tournez le travail.

Col côté gauche

70e rg : 2 m. ens. à l'env., tricotez à l'env.
jusqu'à la fin. Vous obtenez 22 (25) m.

71e rg : (T1) 1 m. end., (2 m. ens. à l'end., 2 m. ens. à
l'end., j., 1m. end., j., 1 m. end., j.,1 m. end., j., 2 m.
ens. à l'end., 2 m. ens. à l'end., 1 m. end.), 2 m.
ens. à l'end., 2 m. ens. à l'end., j., 1 m. end., j.,
2 m. end., 2 m. ens. à l'end. Vous obtenez 21 m.

71e rg : (T2) 1 m. end., (2 m. ens. à l'end., 2 m.
ens. à l'end., j., 1 m. end., j., 1 m. end., j., 1 m.
end., j., 2 m. ens. à l'end., 2 m. ens. à l'end., 1 m.
end.), 2 m. ens. à l'end., 2 m. ens. à l'end., j., 1 m.
end., j., 1 m. end, j., 2 m. end., 2 m. ens. à l'end.,
2 m. ens. à l'end. Vous obtenez 24 m.

72e rg : 2 m. ens. à l'end., tricotez à l'end.
jusqu'à la fin. Il reste 20 (23) m.

73e rg : tricotez à l'end. jusqu'aux 2 dernières
m., 2 m. ens. à l'end. Il reste 19 (22) m.

74e rg : 2 m. ens. à l'env., tricotez à l'env.
jusqu'à la fin. Il reste 18 (21) m.

75e rg : (T1) 1 m. end., (2 m. ens. à l'end., 2 m.
ens. à l'end., j., 1 m. end., j., 1 m. end., j., 1 m.
end., j., 2 m. ens. à l'end., 2 m. ens. à l'end., 1 m.
end.), 2 m. ens. à l'end., j., 3 m. end. Il reste 18 m.

75e rg : (T2) 1 m. end., (2 m. ens. à l'end., 2 m.
ens. à l'end., j., 1 m. end., j., 1 m. end., j., 1 m.
end., j., 2 m. ens. à l'end., 2 m. ens. à l'end.,
1 m. end.), 2 m. ens. à l'end., 2 m. ens. à l'end.,
j., 1 m. end., j., 3 m. end. Il reste 21 m.

76e rg : end.

77e rg : end.

78e rg : env.

79e rg : (T1) 1 m. end., (2 m. ens. à l'end.,
2 m. ens. à l'end., j., 1 m. end., j., 1 m. end., j.,
1 m. end., j., 2 m. ens. à l'end., 2 m. ens. à l'end.,
1 m. end.), 2 m. ens. à l'end., j., 3 m. end.

79e rg : (T2) 1 m. end., (2 m. ens. à l'end.,
2 m. ens. à l'end., j., 1 m. end., j., 1 m. end., j.,

1 m. end.,
j., 2 m. ens. à l'end.,
2 m. ens. à l'end., 1 m. end.),
2 m. ens. à l'end., 2 m. ens.
à l'end., j., 1 m. end., j., 3 m. end.

80e rg : end. **(T2)** Rép. 3 fois du
77e au 80e rg jusqu'au 92e rg.

81e (93e) rg : rabattez 6 m., tricotez à l'end.
jusqu'à la fin. Il reste 12 (15) m.

82e (94e) rg : env.

83e (95e) rg : rabattez 6 m. (1 m. sur l'aiguille droite),
2 m. ens. à l'end., j., 3 m. end. Il reste 6 (9) m.

84e (96e) rg : end.
Rabattez les 6 (9) m. restantes.

Col côté droit

Mettez les 15 (21) m. du milieu en attente
pour le col.

69e rg : tricotez à l'end. jusqu'à la fin.

70e rg : tricotez à l'env. jusqu'aux 2 dernières
m., 2 m. ens. à l'env. Vous obtenez 22 (25) m.

71e rg : (T1) 2 m. ens. à l'end., 2 m. end., j., 1 m.
end., j., 2 m. ens. à l'end., 2 m. ens. à l'end., 1 m.
end., (2 m. ens. à l'end., 2 m. ens. à l'end., j., 1 m.

end., j., 1 m. end., j., 1 m. end., j., 2 m. ens. à l'end.,
2 m. ens. à l'end., 1 m. end.). Il reste 20 m.

71e rg : (T2) 2 m. ens. à l'end., 2 m. ens. à l'end., 2 m. end., j.,
1 m. end., j., 1 m. end., j., 2 m. end., 2 m. ens. à l'end., 1 m. end.,
(2 m. ens. à l'end., 2 m. ens. à l'end., j., 1 m. end., j., 1 m. end., j.,
1 m. end., j., 2 m. ens. à l'end., 2 m. ens. à l'end., 1 m. end.).
Vous obtenez 24 m.

72e rg : tricotez à l'end. jusqu'aux 2 dernières m.,
2 m. ens. à l'end. Il reste 19 (23) m.

73e rg : 2 m. ens. à l'end., tricotez à l'end. jusqu'à la fin.

74e rg : tricotez à l'env. jusqu'aux 2 dernières m., 2 m. ens.
à l'env. Il reste 18 (22) m.

75e rg : (T1) 3 m. end., j., 2 m. ens. à l'end., 1 m. end., (2 m. ens. à
l'end., 2 m. ens. à l'end., j., 1 m. end., j., 1 m. end., j., 1 m. end., j.,
2 m. ens. à l'end., 2 m. ens. à l'end., 1 m. end.). Il reste 18 m.

75e rg : (T2) 3 m. end., j., 1 m. end., j., 2 m. ens. à l'end., 2 m. à
l'end., 1 m. end., (2 m. ens. à l'end., 2 m. ens. à l'end., j., 1 m.
end., j., 1 m. end., j., 2 m. ens. à l'end., 2 m. ens.
à l'end., 1 m. end.). Il reste 21 m.

76e rg : end.

77e rg : end.

78e rg : env.

79e rg : (T1) 3 m. end., j., 2 m. ens. à l'end., 1 m. end., (2 m. ens.
à l'end., 2 m. ens. à l'end., j., 1 m. end., j., 1 m. end., j., 1 m. end.,
j., 2 m. ens. à l'end., 2 m. ens. à l'end., 1 m. end.).

79e rg : (T2) 3 m. end., j., 1 m. end., j., 2 m. ens. à l'end., 2 m. ens.
à l'end., 1 m. end., (2 m. ens. à l'end., 2 m. ens. à l'end., j., 1 m.
end., j., 1 m. end., j., 1 m. end., j., 2 m. ens. à l'end., 2 m. ens. à
l'end., 1 m. end.).

80e rg : end.

81e rg : end. **(T2)** Rép. 3 fois du 77e au 80e rg jusqu'au 93e rg.

82e (94e) rg : rabattez m. à l'env., tricotez à l'env. jusqu'à la
fin. Il reste 12 (15) m.

83e rg : (T1) 3 m. end., j., 2 m. ens. à l'end., 1 m. end., 2 m. ens.
à l'end., 2 m. ens. à l'end., j., 1 m. end., j., 1 m. end.

95e rg : (T2) 3 m. end., j., 2 m. ens. à l'end., 1 m. end., 2 m. ens. à
l'end., 2 m. ens. à l'end., j., 1 m. end., j., 1 m. end., j., 1 m. end.,
2 m. ens. à l'end.

84e (96e) rg : rabattez 6 (6) m. (1 m. sur l'aiguille droite), 5 m.
end. Il reste 6 (9) m.

Rabattez les 6 (9) m. restantes.

Manches (tricoter la paire)

Montez 37 (49) m. sur les aiguilles 5,5 mm
(N° 9) et travaillez en côtes 1/1 ainsi :

1er rg : 1 m. env., (1 m. end., 1 m. env.) jusqu'à la fin.

2e rg : 1 m. end., (1 m. env., 1 m. end.) jusqu'à la fin.

Rép. 1er et 2e rg jusqu'au 16e rg. Commencez
le motif avec les aiguilles 7 mm (N° 10½).

1er rg : toutes les m. à l'end.

2e rg : toutes les m. à l'env.

3e rg : 1 m. end., (*2 m. ens. à l'end., 2 m. ens. à l'end., j.,
1 m. end., j., 1 m. end., j., 1 m. end., j., 2 m. ens. à
l'end., 2 m. ens. à l'end., 1 m. end.*) jusqu'à la fin.

4e rg : end.

5e rg : augmentez d'1 m. au déb. du rg en tricotant deux
fois dans la m. Tricotez à l'end. jusqu'à la dernière m.
Augmentez d'1 m. à la fin du rg en tricotant deux
fois dans la dernière m. Vous obtenez 39 (51) m.

6e rg : env.

7e rg : 2 m. end., rép. le motif de * à * jusqu'à la
dernière m., 1 m. end.

8e rg : end.

9e rg : end.

10e rg : env.

11e rg : rép. 7e rg.

12e rg : end.

13e rg : rép. 5e rg, en augmentant au déb.
et à la fin du rg. Vous obtenez 41 (53) m.

14e rg : env.

15e rg : 3 m. end., rép. le motif de * à *
jusqu'aux 2 dernières m., 2 m. end.

16e rg : end.

Continuez comme demandé, tricotez toutes les
augmentations à l'end. dans les rgs au point
dentelle ainsi :

19e rg : 3 m. end., rép. le motif de * à *, 2 m. end.

21e rg : augmentez à chaque fin de rg.
Vous obtenez 43 (55) m.

23e rg : 4 m. end., rép. le motif de * à *, 3 m. end.

27e rg : 4 m. end., rép. le motif de * à *, 3 m. end.

29e rg : augmentez à chaque fin de rg.
Vous obtenez 45 (57) m.

31e rg : 5 m. end., rép. le motif de * à *, 4 m. end.

35e rg : 5 m. end., rép. le motif de * à *, 4 m. end.

37e rg : augmentez à chaque fin de rg.
Vous obtenez 47 (59) m.

39e rg : 6 m. end., rép. le motif de * à *, 5 m. end.

43e rg : 6 m. end., rép. le motif de * à *, 5 m. end.

45e rg : augmentez à chaque fin de rg.
Vous obtenez 49 (61) m.

47e rg : 7 m. end., rép. le motif de * à *, 6 m. end.

51e rg : 7 m. end., rép. le motif de * à *, 6 m. end.

53e rg : augmentez à chaque fin de rg.
Vous obtenez 51 (63) m.

55e rg : 8 m. end., rép. le motif de * à *, 7 m. end.

59e rg : 8 m. end., rép. le motif de * à *, 7 m. end.

61e rg : augmentez à chaque fin de rg.
Vous obtenez 53 (65) m.

63e rg : 9 m. end., rép. le motif de * à *, 8 m. end.

64e et 65e rg : end.

66e rg : env.

67ᵉ rg : 9 m. end., rép. le motif de * à *, 8 m. end.

68ᵉ rg : end.

Continuez selon le motif (rép. du 65ᵉ au 68ᵉ rg)
sans modification jusqu'au 84ᵉ (92ᵉ) (ou de tricoter
jusqu'à atteindre 52 (56) cm 20½ (22) po de hauteur
ou d'obtenir la longueur désirée en finissant par
un rg end. Rabattez souplement.

Finitions et assemblage

Mettez les pièces en forme et passez-les
délicatement à la vapeur pour leur donner leur forme.

Col

Assemblez le bord de l'épaule droite au point de
matelas. Avec les aiguilles 5 mm (N° 8), côté env.,
commencez par l'épaule gauche. Relevez 18 (25) m.
régulièrement du devant gauche du col. Relevez
15 (21) m. de l'arrête-mailles sur le devant. Relevez
18 (25) m. régulièrement du devant droit du col.
Relevez 25 (31) m. de l'arrête-mailles sur l'arrière
du col. Vous devez avoir 76 (102) m. sur l'aiguille.

Tricotez en côtes 1/1

1ᵉʳ rg : (1 m. end., 1 m. env.) jusqu'à
la fin. Continuez en côtes 1/1
pendant 8 autres rgs jusqu'au 9ᵉ rg.

Augmenter
le col boule

10ᵉ rg : 1 m. env., 2 m. end.,
3 m. env., *(tricotez à l'end.
2 fois dans la m., 1 m. env.,
tricotez à l'env. 2 fois dans
la m., 1 m. env.)*, rép. entre
* et * 9 (14) autres fois. Vous
augmentez de 20 (30) m.

(T1) : (2 m. end., 3 m. env.)
jusqu'à la fin. Vous obtenez 96 m.

(T2) : (2 m. end., 3 m. env.) jusqu'à
la dernière m., 1 m. end.
Vous obtenez 132 m.

11ᵉ rg : (T1) (3 m. end., 2 m. env.)
jusqu'à la dernière m., 1 m. end.

11ᵉ rg : (T2) 1 m. env., (3 m. end., 2 m. env.)
jusqu'à la dernière m., 1 m. end.

12ᵉ rg : (T1) 1 m. env., (2 m. end., 3 m. env.)
jusqu'à la fin.

12ᵉ rg : (T2) 1 m. env., (2 m. end., 3 m. env.)
jusqu'à la dernière m., 1 m. end.

Passez aux aiguilles 7 mm (N° 10½).
Tricotez en côtes comme aux 11ᵉ et 12ᵉ rg pendant

30 autres rgs jusqu'au 42ᵉ rg. Rabattez
souplement dans le sens des côtes.

Assemblage au point de matelas

Assemblez les bords de l'épaule gauche et
du col, cousez celui-ci sur l'envers,
comme s'il était déplié.
Superposez le milieu de
la manche au bord de
l'épaule, cousez
les manches au pull.
Assemblez les côtés et
les bords des manches.
Rentrez les fils
pour terminer.

Adapter le motif

Il est possible de modifier le point dentelle de ce vêtement en variant la largeur des bandes de rayures, ce qui rehaussera l'ondulation du rang. Voici l'occasion de vous exercer à une bande de couleurs dans le mohair.

Larges rayures

Travaillez du 1er au 4e rang au point dentelle avec une première couleur. Puis tricotez les 4 rangs suivants dans une couleur contrastée. Répétez jusqu'à obtenir un effet d'ondulation bien net.

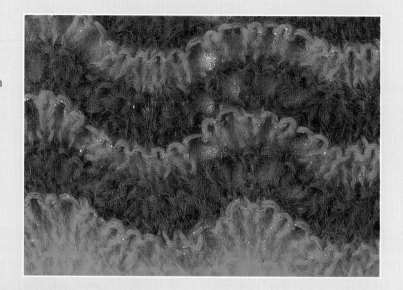

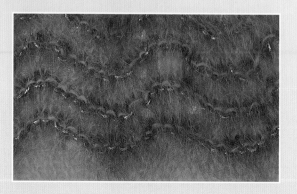

Brosser le mohair

Il est possible d'obtenir un effet plus duveteux du mohair en le brossant à l'aide d'un peigne à laine mohair. Certains fils de mohair sont enduits de cire pour réduire le boulochage lors du tricotage. Il est donc recommandé de le laver avant de le brosser et de le porter. Brossez le tricot en entier délicatement, de bas en haut, en tenant le tricot bien à plat à l'aide de votre main libre.

Rayures fines

Tricotez les trois premiers rangs au point dentelle dans le coloris principal. Puis tricotez le 4e rg à l'endroit dans un coloris contrasté pour créer une seule rayure fine. Sur cette photo, le mohair a été brossé pour obtenir un mélange plus subtile des coloris.

Tricoter au point dentelle ajourée sur des côtes

La dentelle ajourée peut être tricotée sur un bord côtelé ou sur un vêtement sans modifier les dimensions. Il est très facile d'insérer ces jours dans les côtes 3 m. end., 2 m. env. puisque le jeté est toujours tricoté comme un « j. » entre 2 mailles endroit pareil à l'œillet de la boutonnière du projet 2.

Le col côtelé peut être tricoté avec des jours pour ajouter plus de point dentelle.

Après avoir atteint le 11e rg du col et alterné les rangs impairs des côtes 2 x 3, remplacez (3 m. end., 2 m. env.) par (1 m. end., j., 2 m. ens. à l'end.), ce qui forme un jour au milieu des trois m. tricotées à l'end.

12e rg : Tous les rangs pairs des côtes sont tricotés comme d'habitude (2 m. end., 3 m. env.).
13e rg : Les rangs impairs alternés sont tricotés comme d'habitude (3 m. end., 2 m. env.).

Le point dentelle transposé en grille

Les explications relatives au point dentelle peuvent être transposées dans le motif à l'aide d'abréviations. Toutefois, on se sert le plus souvent d'une grille. Chaque carré de la grille représente une maille et chaque rangée, un rang de mailles. La grille est numérotée sur le côté pour indiquer le nombre de rangs et elle se lit de bas en haut, en suivant la progression du tricot. Les rangs numérotés à droite représentent les rangs endroits et se lisent de droite à gauche. Les rangs numérotés à gauche représentent les rangs envers et se lisent de gauche à droite. Les zones ombrées indiquent les mailles lisière qui servent à équilibrer le motif. Les zones claires représentent le multiple des mailles qui forment la répétition. Ce multiple apparaît dans le bas de la grille. Dans cet exemple, le multiple est 12 plus une. Les 12 mailles en clair se répètent alors dans tout le rang et la maille ombrée sert à compenser la répétition en bordure. La légende de la grille accompagne en général le motif.

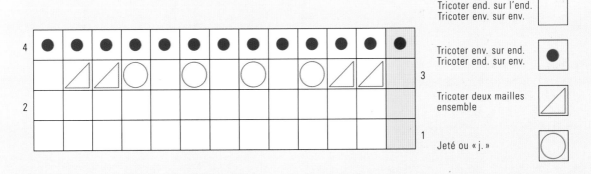

PROJET 10 : Décolleté en V torsadé

Voici une version mode d'un chandail cricket typiquement anglais. Ce chandail ajusté à décolleté en V se porte parfaitement seul ou par-dessus un chemisier. La giga-torsade ressemble à une corde tortillée. Elle s'exécute facilement selon le principe de base de la torsade sur l'avant expliqué dans la section « techniques de points à relief ». Choisissez une laine de couleur crème pour un style cricket actualisé. Essayez d'ajouter une bande côtelée pour une allure sport ou de travailler avec une laine aux couleurs riches pour une version plus sophistiquée.

Fournitures

595 (700, 825) m 652 (766, 901) v d'extra grosse
 laine mélangée
1 paire d'aiguilles 7 mm (N° 10½)
1 paire d'aiguilles 8 mm (N° 11)
1 aiguille à canevas
1 arrête-mailles
1 aiguille auxiliaire 8 mm (N° 11)

Échantillon

En jersey endroit sur les aiguilles 8 mm (N° 11) :
 12 mailles et 16 rangs de 10 cm (4 po)

Dimensions

Longueur du dos : 59 (62, 65) cm 23½ (24½, 25½) po
Bord des manches : 48 (50, 53) cm 19 (20, 21) po
Tour de poitrine : 86 (96, 107) cm 34 (38, 42) po

Abréviations

m. – maille(s) ; **end.** – endroit ; **env.** – envers ;
rép. – répéter ; **jersey end.** – jersey endroit ;
dim. – diminuer ; **aug.** – augmenter ; **2 m. ens. à
l'end.** – 2 mailles ensemble à l'endroit ; **2 m. ens. à
l'env.** – 2 mailles ensemble à l'envers ; **côté end.** –
côté endroit ; **côté env.** – côté envers ; **gl.** – glisser.

Dos

Montez 56 (62, 68) m. sur les aiguilles 7 mm (N° 10½).
Tricotez sur l'envers le 1er rg ainsi :

Côtes

1er rg : (2 m. end., 4 m. env.), rép. jusqu'aux
 2 dernières m., tricotez 2 m. à l'end.
2e rg : (2 m. env., 4 m. end.), rép. jusqu'aux
 2 dernières m., tricotez 2 m. à l'env.
Ces 2 rgs forment les côtes. Rép. 3 fois.
 Vous obtenez 8 rgs.

Bande au point mousse

9e rg : côté env., passez aux aiguilles 8 mm (N° 11).
 Tricotez à l'end. jusqu'à la fin du rg.
10e rg : end.
Tricotez 3 autres rgs. Vous obtenez 13 rgs.
À partir de maintenant, tricotez en jersey env.
 (Les rgs end. sont tricotés sur l'env.)

Diminution

14e rg : (côté end.) Dim. d'1 m. au déb. du rg par
 2 m. ens. à l'env. Tricotez à l'env. jusqu'à la fin du rg.
15e rg : (côté env.) Dim. d'1 m. au déb. du rg par
 2 m. ens. à l'end. Tricotez à l'end. jusqu'à la fin
 du rg. Il reste 54 (60, 66) m.
16e rg : env.
17e rg : end.
Rép. du 14e au 17e rg jusqu'à diminuer en tout 6 m.
 de chaque côté. Il reste 44 (50, 56) m.
38e rg : tricotez sans diminuer jusqu'au 42e rg.

Augmentation

43e rg : (côté env.) Aug. d'1 m. de chaque côté
 en tricotant dans le brin avant et arrière de la
 première m., tricotez à l'end. jusqu'aux 2 dernières
 m., aug. d'1 m. en tricotant dans le brin avant et
 arrière de la m. suivante, tricotez la m. restante.
 Vous obtenez 46 (52, 58) m.
Rép. tous les 4 rgs (47e, 51e, 55e et 59e rg) jusqu'à
 aug. d'1 m. au déb. et à la fin du rg et obtenir
 54 (60, 66) m. Travaillez ensuite en jersey env.
 jusqu'au 61e rg.

Emmanchure

62e rg : (côté end.) Rabattez 3 m. à l'env.,
 tricotez à l'env. jusqu'à la fin.
63e rg : Rabattez 3 m. à l'end., tricotez à l'end.
 jusqu'à la fin.

64e rg : rabattez 2 m. à l'env., tricotez à l'env. jusqu'à la fin

65e rg : rabattez 2 m. à l'end., tricotez à l'end. jusqu'à la fin

66e et 67e rg : rép. comme les 2 derniers rg en rabattant 2 m. au déb. de chaque rg. (7 diminutions de chaque côté. Il reste 40 (46, 52) m.)

Tricotez en jersey env. comme auparavant pendant 32 (36, 40) rgs, jusqu'au 99e (103, 107) rg. Rabattez.

Devant

Montez 56 (62, 68) m. sur les aiguilles 7 mm (N° 10½) et tricotez les côtes comme le dos.

Bande au point mousse avec insertion d'une torsade au milieu

(Les 10 mailles du milieu sont tricotées à l'env. sur l'env. pour former la bande torsadée du milieu.)

9e rg : (côté env.) Passez aux aiguilles 8 mm (N° 11). Tricotez ainsi : 23 (26, 29) m. end., 10 m. env., 23 (26, 29) m. end.

10e rg : tricotez à l'end. jusqu'à la fin.

11e rg : 23 (26, 29) m. end., 10 m. env., 23 (26, 29) m. end.

12e rg : tricotez à l'end. jusqu'à la fin.

13e rg : 23 (26, 29) m. end., 10 m. env., 23 (26, 29) m. end.

À partir de maintenant, tricotez en jersey env. (Tricotez à l'end. sur l'env.) Les mailles du milieu sont tricotées pour former la torsade.

Diminution

14e rg : dim. d'1 m. au déb. du rg par 2 m. ens. à l'env., 21 (24, 27) m. env., 10 m. end., 23 (26, 29) m. env.

15e rg : dim. d'1 m. au déb. du rg par 2 m. ens. à l'end., 21 (24, 27) m. end., 10 m. env., 22 (25, 28) m. end.

(Diminuez d'1 m. au déb. de chaque rg, tous les 4 rgs, jusqu'à diminuer 6 m. de chaque côté.)

16e et 17e rg : tricotez selon motif.

18e et 19e rg : dim. d'1 m. au déb. du rg de chaque côté.

Début du motif de croisement de torsade

20e rg : (côté end.) Rg torsade. 21 (24, 27) m. env., gl. les 5 m. suivantes sur l'aiguille auxiliaire à l'end. et placez-la sur le devant du travail, 5 m. end., gl. les m. de l'aiguille auxiliaire sur l'aiguille gauche et 5 m. end., 21 (24, 27) m. env.

21e rg : continuez selon motif 21 (24, 27) m. end., 10 m. env., 21 (24, 27) m. end.

22e et 23e rg : dim. d'1 m. de chaque côté au déb. du rg.

Continuez selon motif et dim. sur les 26e et 27e rg, 30e et 31e rg, 34e et 35e rg jusqu'à diminuer 6 m. de chaque côté. Il reste 44 (50, 56) m.

36e rg : (côté end.) Rg torsade. 17 (20, 23) m. env., gl. les 5 m. suivantes sur l'aiguille auxiliaire à l'end. comme auparavant, 5 m. end., gl. les m. en attente sur l'aiguille gauche, 5 m. end., 17 (20, 23) m. env.

Continuez selon motif sans diminuer jusqu'au 42e rg.

Augmentation

Continuez selon motif en aug. les m. ainsi :

43e rg : (côté env.) Aug. d'1 m. de chaque côté en tricotant à l'end. dans le brin avant et le brin arrière de la première m., tricotez jusqu'aux 2 dernières m., tricotez à l'end. dans le brin avant et le brin arrière de la m. suivante, tricotez à l'end. la dernière m. Vous obtenez 46 (52, 58) m.

Tricotez 3 rgs selon motif sans augmenter.

47e rg : aug. d'1 m. de chaque côté.
Vous obtenez 48 (54, 60) m.

Travaillez 3 rgs selon motif sans augmenter.

51e rg : aug. d'1 m. de chaque côté.
Vous obtenez 50 (56, 62) m.

52e rg : (côté end.) Rg torsade. 20 (23, 26) m. env., m. torsade comme auparavant, 20 (23, 26) m. env.

Travaillez 2 rgs selon motif sans augmenter.

55e rg : aug. d'1 m. de chaque côté.
Vous obtenez 52 (58, 64) m.

Travaillez 3 rgs selon motif sans augmenter.

59e rg : aug. d'1 m. de chaque côté.
Vous obtenez 54 (60, 66) m.

Travaillez selon motif jusqu'au 61e rg.

Emmanchure

62e rg : (côté end.) Rabattez 3 m. à l'env. et travaillez selon motif jusqu'à la fin.

63e rg : rabattez 3 m. à l'end. et travaillez selon motif jusqu'à la fin.

64e rg : rabattez 2 m. à l'env. et travaillez selon motif jusqu'à la fin.

65e rg : rabattez 2 m. à l'end. et travaillez selon motif jusqu'à la fin.

67e et 68e rg : rép. comme les 2 derniers rgs, rabattez 2 m. au déb. de chaque rg. (7 diminutions de chaque côté. Il reste 40 (46, 52) m.)

68e rg : (côté env.) Rg de façonnage de la torsade. 15 (18, 21), m. torsade comme auparavant, 15 (18, 21) m. env.

69e rg : 15 (18, 21) m. end., 10 m. env., 15 (18, 21) m. end.

Col

Côté droit

70e rg : (côté end.) 13 (16, 19) m. env., 2 m. ens. à l'env. (jusqu'à dim. 1 m.), 5 m. end., puis mettez toutes les m. de l'aiguille gauche sur un arrête-mailles, tournez le travail. Vous avez 19 (22, 25) m. Vous façonnez à présent le côté droit du chandail.)

71e rg : 5 m. env., 14 (17, 20) m. end.

72e rg : 4 (17, 20) m. env., 5 end.

73e rg : 5 m. env., 14 (17, 20) m. end.

74e rg : rg de façonnage du col. (Côté end.)
12 (15, 18) m. env., 2 m. ens. à l'env., 5 m. end. Continuez selon motif, dim. d'1 m. tous les 4 rgs jusqu'à obtenir 6 (7, 8) diminutions. (Dim. d'1 m. aux 78e, 82e, 86e, 90e, 94e et 98e rg.)

92e (96e, 100e) rg : 8 (11, 14) m. env., 5 m. end. Tricotez sans diminuer jusqu'au 97e (101, 105) rg.

98e (102e, 106e) rg : (côté end.) Rabattez sur l'env. 7 (10, 13) m., 6 m. end. Continuez de tricoter ces 6 m. en jersey end. pendant 12 (14, 16) rgs et rabattez. (Cette bande façonnera la moitié de la bande d'encolure du dos.)

Côté gauche

Transférez les m. de l'arrête-mailles sur l'aiguille gauche. Raccordez la pelote de laine. Tricotez le premier rg (70e rg) ainsi :

70e rg : (côté end.) Rg de façonnage du col.
5 m. end., 2 m. ens. à l'env., 13 (16, 19) m. env.

71e rg : 14 (17, 20) m. end., 5 m. env.

Continuez de travailler comme le côté droit : dim. d'1 m. tous les 4 rgs, mais cette fois suivez le motif de diminution pour le côté gauche du travail.

92e (96e, 100e) rg : 5 m. end., 8 (11, 14) m. env. Tricotez sans diminuer jusqu'au 98e (102e, 106e) rg.

99e (103e, 107e) rg : (côté env.) Rabattez à l'end. 7 (10, 13) m., puis tricotez 6 m. env. Continuez de tricoter ces 6 m. en jersey end. pendant 12 (14, 16) rgs et rabattez. (La seconde moitié de la bande d'encolure du dos vient d'être façonnée.)

Manches (tricoter la paire)

Montez 26 (32, 38) m. sur les aiguilles 7 mm (N° 10½).

Poignets côtelés

Tricotez le premier rg ainsi sur l'env. :

1er rg : 3 m. env., (2 m. end., 4 m. env.), tricotez à l'env. les 3 dernières m.

2e rg : 3 m. end., (2 m. env., 4 m. end.), tricotez à l'end. les 3 dernières m.

Ces 2 rgs forment le motif des côtes.
Rép. 3 fois. Vous obtenez 8 rgs.

Bande au point mousse

9e rg : (côté env.) Passez aux aiguilles 8 mm (N° 11). Tricotez à l'end. jusqu'à la fin du rg.

10e rg : tricotez à l'end. jusqu'à la fin du rg.

Rép. ces 2 rgs pendant 3 autres rgs.

Travaillez en jersey env.

14e rg : tricotez à l'env. sur l'env.

15e rg : end.

Continuez en jersey envers jusqu'au 27ᵉ rg.

28ᵉ rg : (côté end.) Début du façonnage des manches.

Aug. d'1 m. de chaque côté ainsi :

Tricotez à l'env. dans le brin avant et le brin arrière de la
première m., tricotez à l'env. jusqu'aux 2 dernières m., tricotez
à l'env. dans le brin avant et le brin arrière de la m. suivante,
tricotez à l'env. la dernière m. Vous obtenez 28 (34, 40) m.

Continuez en jersey env. et aug. d'1 m. de chaque côté comme
au 28ᵉ rg, tous les 18 rgs. (Aug. aux 46ᵉ et 64ᵉ rg).

Vous obtenez 32 (38, 44) m.

Tricotez selon motif sans augmenter jusqu'au 72ᵉ (82ᵉ, 86ᵉ) rg.

Tête de manche

82ᵉ rg : rabattez 2 m. à l'env. et tricotez à l'env.
jusqu'à la fin du rg. Il reste 30 (36, 42) m.

83ᵉ rg : rabattez 2 m. à l'end. et tricotez à l'end.
jusqu'à la fin du rg. Il reste 28 (34, 40) m.

84ᵉ rg : dim. 1 m. au déb. du rg par 2 m.
ens. à l'env., tricotez à l'env. jusqu'à
la fin du rang. Il reste 27 (33, 39) m.

85ᵉ rg : dim. 1 m. au déb. du rg par 2 m.
ens. à l'end., tricotez à l'end. jusqu'à la
fin du rang. Il reste 26 (32, 38) m.

Rép. les diminutions du 84ᵉ et 85ᵉ rg
jusqu'à obtenir 16 (22, 28) m.

Tricotez jusqu'au 93ᵉ (95ᵉ, 97ᵉ) rg.

94ᵉ (96ᵉ, 98ᵉ) rg : (côté end.)
Rabattez 2 m. à l'env. et tricotez
à l'env. jusqu'à la fin du rg.
Il reste 16 (20, 24) m.

95ᵉ (97ᵉ, 99ᵉ) rg : rabattez 2 m. à
l'end. et tricotez à l'end. jusqu'à
la fin du rg. Il reste 14 (18, 22) m.

96ᵉ (98ᵉ, 100ᵉ) rg : rabattez à l'env.

Assemblage

Mettez toutes les pièces en forme
et passez-les à la vapeur.

Rentrez tous les fils pour obtenir
une finition impeccable.

Assemblez les épaules bord contre
bord au point arrière.

Assemblez les deux bandes du devant du col au point arrière,
ce qui forme le milieu du dos du col. Puis détendez le bord
rabattu de l'arrière du col et cousez au point arrière.

Le bord de la bande d'encolure doit être placé au milieu du dos.

Assemblez les manches aux emmanchures et cousez-les au point
arrière, en faisant correspondre le milieu de la tête de manche
au bord de l'épaule.

Assemblez les côtés au point arrière.

Motif de la double torsade classique

Dès que vous aurez maîtrisé cette torsade simple, vous serez impatient de vous exercer à d'autres sortes de motifs de torsades. Les 10 mailles qui composent la torsade de ce chandail peuvent être tricotées dans différents motifs pour varier le dessin. Il est possible d'agrémenter de pompons ou d'autres bandes une fois le tricot terminé. Le relief de ce chandail sera ainsi rehaussé sans rendre pour autant le tricotage des torsades plus difficile.

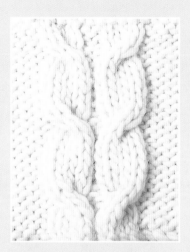

Motif de la double torsade entrelacée

Vous pouvez vous exercer à partir de la torsade simple à créer des dessins plus élaborés en entrelaçant des bandes de tricot dans la torsade, une fois le tricot terminé, comme vous le feriez pour lacer des chaussures ! Montez trois mailles et tricotez en jersey endroit pour obtenir une longueur équivalente à deux fois et demie la longueur des torsades.

1ᵉʳ rg : (côté end.) Tricotez selon motif, 4 m. end., 2 m. env., 4 m. end., tricotez à l'env. jusqu'à la fin.

2ᵉ rg : (côté env.) Tricotez selon motif, 4 m. env., 2 m. end., 4 m. env., tricotez à l'end. jusqu'à la fin. Répétez ces 2 rangs jusqu'au premier rg de torsade : (côté env.) Tricotez selon motif, gl. 2 m. sur l'aiguille auxiliaire, placez-la derrière le travail, 2 m. end., tricotez 2 m. à l'end. de l'aiguille auxiliaire, 2 m. env., gl. 2 m. sur l'aiguille auxiliaire, placez-la devant le travail, 2 m. end., tricotez 2 m. end. de l'aiguille auxiliaire, tricotez à l'env. jusqu'à la fin.* Répétez le 2ᵉ rg. Tricotez le 1ᵉʳ et le 2ᵉ rg encore 3 fois avant de passer au rg de torsade suivant.

* Cette torsade correspond à 4 mailles croisées sur le derrière, 2 m. env., 4 mailles croisées sur le devant.

1 Commencez à la base de la torsade, rentrez l'extrémité sous le premier croisement de torsade et cousez sur l'envers pour arrêter.

2 Entrelacez la bande dans la torsade jusqu'en haut, en zigzagant de gauche à droite.

3 Refaites le même parcours en sens inverse des torsades pour obtenir un effet lacé. Rentrez l'extrémité sous la base de l'autre torsade et cousez sur l'envers pour arrêter. Ajustez la bande pour obtenir un nattage régulier.

Torsade en côtes 1/1

Cette torsade travaillée en côtes 1/1 avantage le tricot. Des pompons facultatifs sont ensuite ajoutés pour faire ressortir davantage le relief et le point.

1er rg : (côté end.) Tricotez selon motif, 1 m.end., 1 m. env., 1 m. end., 1 m. env., 2 m. end., 1 m. env., 1 m.end., 1 m.env., 1 m.end., à l'env. jusqu'à la fin.
2e rg : (côté env.) Tricotez selon motif, 1 m. env., 1 m. end., 1 m. env., 1 m. end., 2 m. env., 1 m. end., 1 m. env., 1 m. end., 1 m. env., à l'end. jusqu'à la fin.
Continuez jusqu'au premier rg de torsade. Sur l'envers, tricotez selon motif, gl. 5 m. sur l'aiguille auxiliaire sur le devant du travail, 1 m.end., 1 m.env., 1 m.end., 1 m.env., 1 m.end. Faites passer toutes les mailles de l'aiguille auxiliaire sur celle de gauche et tricotez 1 m. end., 1 m. env., 1 m. end., 1 m.env., 1 m.end., tricotez selon motif. Répétez le 2e rg. Travaillez le 1er et le 2e rg pendant 16 rangs, répétez le motif de la torsade.

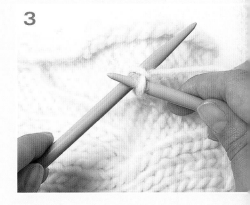

Ajouter des pompons en relief

4 Placez la laine devant l'ouvrage par-dessus l'aiguille et tricotez de nouveau dans la maille. Replacez le fil devant de la même manière. Tricotez à l'endroit et lâchez la maille de l'aiguille gauche. Vous obtenez 5 mailles. Tricotez toutes les mailles à l'envers puis à l'endroit.

5 Passez la 4e m. par-dessus la 5e en vous aidant de la pointe de l'aig. dr. (comme pour rabattre). Répétez l'opération pour le 3e, la 2e, et la 1ère maille en les passant par-dessus la 5e et en laissant une maille sur l'aiguille.

6 Coupez le fil et passez-le dans la boucle pour arrêter. Rentrez le fil sur l'envers du tricot, deux rangs au-dessus de la première maille. Rentrez l'autre fil sur l'envers, nouez les 2 brins ensemble et rentrez-les.

1 Après avoir tricoté le chandail, décidez de l'emplacement des pompons, indiquez-le avec des épingles ou glissez des marqueurs pour plus de précision. Sur l'endroit (le jersey envers face à vous), passez l'aiguille en remontant dans deux mailles de l'emplacement désigné.

2 Retirez l'épingle ou le marqueur et enroulez le fil autour de l'aiguille, tenez fermement le fil de la pelote et le fil libre. Lâchez le fil libre et passez l'aiguille dedans comme s'il s'agissait de tricoter une maille.

3 Tricotez dans la maille sans la lâcher de l'aiguille gauche.

Jacquard à fils flottants (Fair Isle)

Le jacquard à fils flottants est une technique qui se travaille en jersey endroit en combinant deux couleurs sur un même rang. Les motifs de ce point s'exécutent habituellement à partir d'une grille. La technique consiste à faire suivre les fils inutilisés sur l'envers du tricot. Selon leur longueur, les fils flottants sont soit tissés ou croisés.

Technique des fils tissés

Cette méthode convient parfaitement aux fils qu'il faut faire suivre sur moins de 3 mailles. En désignant l'un des fils comme le fil du dessus du tricot et l'autre comme le fil du dessous, cela permet d'empêcher les brins de laine de s'entremêler jusqu'à la fin de chaque rang.

Sur l'endroit

1 Piquez l'aig. dr. dans la maille suivante. Prenez la nouvelle laine B (rose) de la main droite et passez-la par-dessus la laine A (noir), et tricotez le nombre de mailles demandé.

2 Lâchez la laine B et prenez la laine A, en la faisant passer par-dessous la laine B. Tricotez le nombre de mailles demandé. Continuez ainsi en veillant à bien répartir les mailles sur les aiguilles, sinon le tricot froncerait.

Sur l'envers

3 Piquez l'aiguille dans la maille suivante. Prenez la nouvelle laine B de la main droite et passez-la par-dessus la laine A et tricotez le nombre de mailles demandé.

4 Lâchez la laine B et prenez la laine A, faites-la passer par-dessous la laine B. Tricotez le nombre de maille demandé. Continuez ainsi.

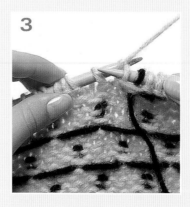

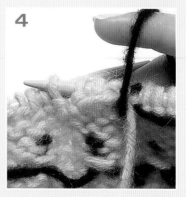

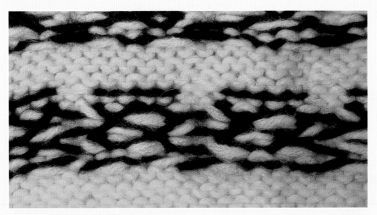

Technique des fils croisés

Cette méthode permet de faire suivre un brin de laine sur plus de trois mailles. Le fil flottant, que l'on fait suivre, est pris dans le travail toutes les trois ou quatre mailles. Il sera peut-être plus facile pour vous de contrôler la laine en la croisant avec votre main gauche. Essayez de croiser la laine dans différentes mailles sur chaque rang pour obtenir une finition régulière.

Sur l'endroit

1 Avec la laine A, piquez l'aig. dr. dans la maille suivante comme d'habitude. Faites suivre la laine B sous la laine A et passez-la par-dessus la pointe de l'aig. dr.

2 Passez la laine A par-dessus l'aig. dr. comme une maille endroit habituelle, mais croisez la laine B devant l'aig. dr. Soulevez la laine B de l'aiguille et tricotez la maille à l'endroit. Tenez la laine B sous le travail sur l'envers avec la main gauche et tricotez la maille suivante comme d'habitude avec la laine A, la laine B est prise dans les mailles.

Sur l'envers

3 Avec la laine A, piquez l'aig. dr. dans la maille suivante comme d'habitude. Faites suivre la laine B sous la laine A et passez-la par-dessus la pointe de l'aig. dr.

4 Faites passer la laine A par-dessus l'aiguille comme une maille envers habituelle, mais croisez la laine B devant l'aiguille.

5 Soulevez la laine B de l'aiguille et tricotez la maille à l'envers. Tenez la laine B sous le travail avec le pouce gauche et tricotez à l'envers la maille suivante avec la laine A, la laine B est prise dans les mailles.

1
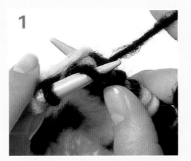

2

3
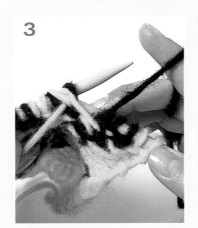

4

5

Jacquard intarsia

Le jacquard intarsia se reconnaît aux blocs de couleurs tricotés à partir de pelotes de laine séparées, sans former de longs fils flottants à l'envers du tricot. Ce motif comporte plusieurs couleurs sur un même rang. Avant de tricoter, préparer les laines que vous utiliserez en comptant le nombre de zones relié à chaque coloris et embobinez la longueur de fil nécessaire pour chaque zone sur des bobinettes. Travaillez directement de la pelote pour les zones importantes.

Changer de couleur

Pour éviter de former des trous dans le tricot, les laines sont enroulées sur l'envers du tricot de cette manière :

Sur l'endroit

1 Piquez l'aiguille dans la maille suivante. Passez la laine A (rose) par-dessus la laine B (noir), et lâchez-la de manière à avoir la laine A sur l'envers du tricot.

2 Passez la laine B par-dessus et tricotez à l'endroit la maille comme d'habitude.

Sur l'envers

Piquez l'aiguille dans la maille suivante. Mettez la laine A par-dessus la nouvelle laine B, et lâchez. La laine A se retrouve face à vous sur l'envers du tricot. Passez la laine B par-dessus et tricotez à l'envers.

Raccorder une nouvelle couleur de laine

1 Tricotez avec la laine A, piquez l'aig. dr. dans la maille suivante. En tenant le fil libre de la laine C (jaune) de votre main gauche, passez la laine C entre les aiguilles et en croisant la laine A.

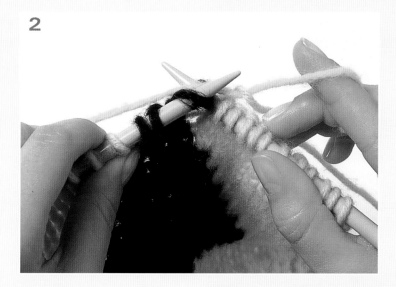

2 Placez le fil de la pelote de la laine C sous la laine A et tricotez la maille à l'endroit avec, en laissant tomber en même temps le fil libre.

3 (Vue côté envers). Aucun fil flottant n'apparaît sur l'envers du tricot réalisé en jacquard intarsia. Les bouts de laine peuvent être rentrés le long des lignes de démarcation des couleurs à la fin du tricot.

PROJET 11 : Étoiles norvégiennes

Une version exagérée du tricot norvégien douillet, les dessins en jacquard font leur retour sur le podium, portés en rayures avec des motifs éclectiques et une multitude de couleurs. Cette veste pour adulte est orné d'étoiles de neige en motif et s'attache par une fermeture pour grosse laine. Pour vous exercer au jacquard, commencez avec ce bonnet tout simple. Il n'y a aucun diminution ou augmentation à effectuer pour la bande de jacquard, ce qui vous permet de vous concentrer sur les nouvelles techniques de changement de couleurs.

BONNET

Fournitures
Extra grosse laine mélangée lavable en machine :
40 m (44 v) en couleur A
30 m (33 v) en couleur B
16 m (18 v) en couleur C
16 m (18 v) en couleur D
1 paire d'aiguilles 7 mm (N° 10½)
1 aiguille à canevas
Anneaux cartonnés pour réaliser le pompon

Échantillon
En jersey endroit sur les aiguilles 7 mm (N° 10½) :
13 mailles et 16 rangs de 10 cm (4 po).

Abréviations
m. – maille(s) ; **end.** – endroit ; **env.** – envers ; **jersey end.** – jersey endroit ; **2 m. ens. à l'end.** – 2 mailles ensemble à l'endroit ; **2 m. ens. à l'env.** – 2 mailles ensemble à l'envers ; **rép.** – répéter ; **rest.** – restante

Tricoter le bonnet
Montez 60 mailles en couleur A
sur des aiguilles 7 mm (N° 10½).

Bande côtelée
Tricotez 2 rg en côtes 1/1 en couleur A.
Tricotez 8 rgs en côtes 1/1 en couleur B.
11ᵉ rg : tricotez à l'env. le rg.

Suivre la grille du jacquard
(Voir pages 94, 95 et 103).
Commencez au 1ᵉʳ rg, 1ᵉʳᵉ m. de la grille, tricotez la 12ᵉ maille du jacquard en jersey end. Répétez le motif 4 fois au cours du rg.

1ᵉʳ rg : tricotez à l'end. selon motif.
2ᵉ rg : tricotez à l'env. selon motif.
Continuez en jersey end. jusqu'au 15ᵉ rg
en suivant la grille.
16ᵉ rg : tricotez à l'env. toutes les m. en couleur A.
Continuez en A, en jersey end. jusqu'au 22ᵉ rg.
23ᵉ rg : 2 m. end., 2 m. ens. à l'end., *(6 m. end., 2 m. ens. à l'end.)*. Rép. entre ** 6 fois. Il reste 52 m.
24ᵉ rg : *(2 m. ens. à l'env., 5 m. env.)*. Rép. entre * et * 6 fois, 2 m. ens. à l'env., 1 m. env. Il reste 44 m.
25ᵉ rg : *(2 m. ens. à l'end., 4 m. end.)*. Rép. entre * et * 6 fois, 2 m. ens. à l'end. Il reste 36 m.
26ᵉ rg : *(2 m. ens. à l'env., 3 m. env.)*. Rép. entre * et * 6 fois, 1 m. env. Il reste 29 m.
27ᵉ rg : *(2 m. end., 2 m. ens. à l'end.)*. Rép. entre * et * 6 fois, 1 m. end. Il reste 22 m.
28ᵉ rg : 1 m. env., *(2 m. ens. à l'env., 1 m. env.)*. Rép. entre * et * 6 fois. Il reste 15 m.
29ᵉ rg : *(1 m. end., 2 m. ens. à l'end.)*. Rép. entre * et * 4 fois jusqu'à la fin. Il reste 10 m.

Finitions
Coupez la laine en laissant une longueur de 20 cm (8 po). Passez le fil dans l'aiguille à canevas et passez-la dans les 10 m. restantes. Retirez l'aiguille de tricot et froncez le haut du bonnet avec le fil libre.
Froncez serré et arrêtez en passant le fil sur l'envers du bonnet.

Assemblage
Assemblez l'arrière bord contre bord au point de matelas. Rentrez tous les fils pour obtenir

une finition impeccable. Confectionnez un pompon assorti (voir page 105) dans les couleurs C et D et cousez-le au bout du bonnet. Dès que vous aurez maîtrisé le jacquard en réalisant ce bonnet, vous serez assez confiant pour entreprendre la veste au style étoiles norvégiennes.

VESTE STYLE ÉTOILES NORVÉGIENNES

Fournitures

Extra grosse laine mélangée
  lavable en machine :
Couleur A – 750 (800, 850,
  920) m 820 (875, 930, 1010) v
Couleur B – 185 (200, 215, 230) m
  205 (220, 235, 255) v
Couleur C – 75 (80, 85, 92) m
  83 (88, 94, 101) v
Couleur D – 75 (80, 85, 92) m
  83 (88, 94, 101) v
1 fermeture éclair séparable de 55 cm (22 po)
1 paire d'aiguilles 7 mm (N° 10½)
2 arrête-mailles
1 aiguille à canevas
Aiguille et fil solide à coudre pour la fermeture
Mètre de couturière

Dimensions

Tour de poitrine : 98 (104, 110, 116) cm
  38½ (41, 43¼, 45¾) po
Longueur des manches : 48 (50, 50, 52) cm
  19 (20, 20, 20½) po
Longueur de l'arrière du col sous la bande
  d'encolure : 65 (66, 67,5, 68,5) cm
  25½ (26, 26½, 27) po

Échantillon

En jersey endroit sur les aiguilles 7 mm (N° 10½) :
  13 mailles et 16 rangs de 10 cm (4 po)

Abréviations

(Voir le bonnet).

Pour réaliser la veste

Commencez par tricoter les pièces du devant,
  car il faudra éventuellement ajuster les rangs
  pour bien poser la fermeture.

Devant gauche

Montez 31 (33, 35, 37) m en couleur B.
Tricotez 2 rgs en côtes 1/1 comme au dos.
Passez à la couleur A et tricotez 6 rgs
  en côtes 1/1.

Suivre la grille du jacquard à fils flottants
Le motif de la grille se réalise en jersey
  endroit à partir de la technique du jacquard.
Commencez le motif par un rang à l'endroit
  au 1er rg et 5e m. en suivant la grille jusqu'au
  35e (37e, 39e, 41e) rg.
Tricotez jusqu'au 40e rg selon motif principal.
Tricotez jusqu'au 56e rg en suivant le point
  moucheté comme demandé du 41e au 46e rg.

Façonnage

Continuez de tricoter au point moucheté
tout au long du façonnage.

57e rg : rabattez 2 m. au déb. du rg, tricotez à
l'end. jusqu'à la fin. Il reste 29 (31, 33, 35) m.

58e rg : tricotez à l'env. jusqu'aux 2 dernières
m., 2 m. ens. à l'env. Il reste 28 (30, 32, 34) m.

59e rg : tricotez à l'end. selon motif.

Continuez selon motif jusqu'au 78e rg ou jusqu'à
atteindre 55 cm (22 po) de longueur (longueur
de la fermeture), en finissant par un rg env.

NOTE : si vous avez ajusté le nombre de rgs
tricoté à ce niveau, pensez également à
ajuster le dos et le côté droit du devant.
Voir « adapter les motifs » (page 126).

79e rg : tricotez à l'end. toutes les m.

80e rg : mettez 5 (5, 7, 9) m. en attente sur un
arrête-mailles, 2 m. ens. à l'env., tricotez à
l'env. jusqu'à la fin. Il reste 22 (24, 24, 24) m.

81e rg : tricotez à l'end jusqu'aux 2 dernières m.,
2 m. ens. à l'end. Il reste 21 (23, 23, 23) m.

82e rg : 2 m. ens. à l'env., tricotez à l'env.
jusqu'à la fin. Il reste 20 (22, 22, 22) m.

83e rg : end.

Continuez en jersey end. jusqu'au 92e
(94e, 96e, 98e) rg.

93e (95e, 97e, 99e) rg : rabattez 7 m. à l'end.,
tricotez à l'end. jusqu'à la fin.
Il reste 13 (15, 15, 15).

94e (96e, 98e, 100e) rg : tricotez à l'env.
jusqu'aux 2 dernières m., 2 m. ens. à l'env.
Il reste 12 (14, 14, 14) m.

Row 95(97, 99, 101) : rabattez 6 m. à l'end.,
tricotez à l'end. jusqu'à la fin.
Il reste 6 (8, 8, 8) m.

Rabattez les 8 m. rest. à l'env.

Devant droit

Montez 31 (33, 35, 37) m en couleur B.
Tricotez 2 rgs en côtes 1/1 comme le dos.
Passez à la couleur A et tricotez 6 rgs en côtes 1/1.

Suivre la grille du jacquard à fils flottants

Le motif de la grille se réalise à partir de la
technique du jacquard aux fils flottants en
jersey endroit.

Commencez le motif par un rang à l'endroit
au 1er rg et à la 7e (5e, 3e, 1ère) m. en suivant
la grille jusqu'au 37e rg.

Tricotez jusqu'au 56e rg comme le dos.

Façonnage

Continuez de tricoter au point moucheté tout
au long du façonnage.

57e rg : end.

58e rg : rabattez 2 m. au déb. du rg, tricotez à
l'env. jusqu'à la fin. Il reste 29 (31, 33, 35) m.

59e rg : tricotez à l'end. jusqu'aux 2 dernières m.,
2 m. ens. à l'end. Il reste 28 (30, 32, 34) m.

Continuez selon motif jusqu'au 78e rg ou
jusqu'à atteindre la même longueur que le
devant gauche, en finissant par un rg env.

79e rg : tricotez à l'end. 5 (5, 7, 9) m. et
mettez-les en attente sur un arrête-mailles,
2 m. ens. à l'end., tricotez à l'end. jusqu'à
la fin. Il reste 22 (24, 24, 24) m.

80e rg : tricotez à l'env. jusqu'aux 2 dernières m.,
2 m. ens. à l'env. Il reste 21 (23, 23, 23) m.

81e rg : 2 m. ens. à l'end., tricotez à l'end.
jusqu'à la fin. Il reste 20 (22, 22, 22) m

82e rg : env.

Continuez en jersey end. jusqu'au
93e (95e, 97e, 99e) rg.

94e (96e, 98e, 100e) rg : rabattez 7 m. à l'env.,
tricotez à l'env. jusqu'à la fin.
Il reste 13 (15, 15, 15) m.

95e (97e, 99e, 101e) rg : tricotez à l'end.
jusqu'aux 2 dernières m., 2 m. ens. à l'end.
Il reste 12 (14, 14, 14) m.

96e (98e, 100e, 102e) rg : rabattez 6 m. à l'env.,
tricotez à l'env. jusqu'à la fin. Il reste 6 (8, 8, 8) m.

Rabattez les 8 m. rest. à l'end.

Dos

Montez 65 (69, 73, 77) m. en couleur B.
Tricotez en côtes 1/1 :

1er rg : 1 m. end., (1 m. env., 1 m. end.)
jusqu'à la fin.

2e rg : 1 m. env., (1 m. end., 1 m. env.)
jusqu'à la fin.

Passez à la couleur A, continuez en côtes 1/1
sur 6 rgs. Vous obtenez au total 8 rgs de côtes.

Suivre la grille du jacquard à fils flottants

Tricotez toutes les mailles en jersey end.

1er rg : suivez la grille en jersey end., en
commençant par un rg end. au 1er rg et à
la 7e (5e, 3e, 1ère) m. de la grille jusqu'à la
71e (73e, 75e, 77e) m.

Façonnage

Continuez de tricoter au point moucheté
tout au long du façonnage.

57e rg : (côté end.) Rabattez 2 m. au déb.
du rg, tricotez à l'end. jusqu'à la fin.

58e rg : (côté env.) Rabattez 2 m. au déb.
du rg, tricotez à l'env. jusqu'aux 2 dernières
m., 2 m. ens. à l'env.

59e rg : tricotez à l'end. selon motif jusqu'aux
2 dernières m., 2 m. ens. à l'end. Il reste
59 (63, 67, 71) m.

60e rg : env. Continuez en jersey end.
jusqu'au 92e (94e, 96e, 98e) rg.

93e (95e, 97e, 99e) rg : rabattez 7 m. à l'end.,
tricotez à l'end. les 14 m. suivantes,
2 m. ens. à l'end., mettez les 38 (40, 44, 48)
m. rest. sur un arrête-mailles.

94e (96e, 98e, 100e) rg : 2 m. ens. à l'env.,
tricotez à l'env. jusqu'aux 2 dernières m.,
2 m. ens. à l'env.

95e (97e, 99e, 101e) rg : rabattez 6 m. à l'end.,
tricotez les 5 (7, 7, 7) m. rest.
Rabattez les 5 (7, 7, 7) m. rest.

Autre côté

93e (95e, 97e, 99e) rg : mettez 17 (17, 21, 25) m.
du milieu du col en attente sur un arrête-mailles.
Relevez 23 m. sur l'end. Raccordez la pelote
de laine et commencez par le col, 2 m. ens.
à l'end., tricotez 19 (21, 21, 21) m. à l'end.

94e (96e, 98e, 100e) rg : rabattez 7 m. à l'env.,
tricotez à l'env. jusqu'aux 2 dernières m.,
2 m. ens. à l'env.

95e (97e, 99e, 101e) rg : tricotez à l'end.
jusqu'aux 2 dernières m., 2 m. ens. à l'end.
Il reste 11 (13, 13, 13) m.

96e (98e, 100e, 102e) rg : rabattez 6 m., tricotez
à l'env. les 5 (7, 7, 7) m. jusqu'à la fin.
Rabattez les 5 (7, 7, 7) m. rest.

Manches (tricoter la paire)

Montez 33 (35, 37, 39) m. en couleur A.
Tricotez 8 rgs en côtes 1/1.

1er rg : 1 m. end., (1 m. env., 1 m. end.)
jusqu'à la fin.

2e rg : 1 m. env., (1 m. end., 1 m. env.)
jusqu'à la fin.

9e rg : suivez la grille au 17e rg et à la 23e
(22e, 21e, 20e) m. pour exécuter le motif
en jersey end. pendant 2 rgs.

Commencer les augmentations

Ajouter des mailles supplémentaires au motif.

11e rg : aug. d'1 m. de chaque côté en
tricotant dans le brin avant et le brin
arrière des mailles.

Aug. tous les 2 rgs ainsi : 13e, 15e, 17e, 19e, 21e
et 23e rg. Vous obtenez 47 (49, 51, 53) m.

Aug. tous les 4 rgs ainsi : 27e, 31e, 35e, 39e,
43e, 47e, 51e, 55e, 59e, 63e, 67e et 71e rg.
Vous obtenez 71 (73, 75, 77) m.
Continuez selon motif jusqu'au 74e
(78e, 78e, 80e) rg ou jusqu'à atteindre la
longueur désirée, soit 48 (50, 50, 52) cm
19 (20, 20, 20½) po.Rabattez.

Finitions

Mettez toutes pièces en forme et passez-les
à la vapeur. Assemblez les épaules bord
contre bord au point de matelas.

Bande d'encolure

Mettez 5 (5, 7, 9) m. des devants gauche
et droit en attente sur des arrête-mailles.

Relevez 55 (57, 63, 69) m. en couleur A régulièrement autour de l'encolure pour le col.

1er rg : tricotez en côtes 1/1, 1 m. end., 1 m. env. les 55 (57, 63, 69) m. À la fin du rg, tricotez à l'env. dans la première m. de l'arrête-mailles, laissez 4 (4, 6, 8) m. sur l'arrête-mailles.

2e rg : tournez le travail et tricotez en sens inverse. 1 m. end., 1 m. env. les 56 (58, 64, 70) m. À la fin du rg, tricotez à l'end. dans la première m. de l'arrête-mailles.

3e rg : tricotez en côtes 1/1 (1 m. env., 1 m. end.) les 57 (59, 65, 71) m. À la fin du rg, tricotez à l'env. dans les 2 m. suivantes de l'arrête-mailles.

4e rg : tricotez en côtes 1/1 (1 m. env., 1 m. end.) les 59 (61, 67, 73) m. À la fin du rg, tricotez à l'env. dans les 2 m. suivantes de l'arrête-mailles. Rép. le 3e et 4e rg, relevez toutes les m. des arrête-mailles. Vous obtenez au total 65 (67, 77, 83) m.

Bande du devant

NOTE : il est important d'obtenir la bonne longueur pour la bande du devant. Vous pouvez réaliser l'échantillon le plus précis pour les côtes en mesurant les côtes du dos. Mesurez la longueur du milieu du devant depuis le bas des côtes jusqu'au dernier rang en jersey endroit. Mesurez la même longueur sur la bordure du montage des côtes du dos, en le détendant légèrement, et comptez les mailles.

Avec la laine A, relevez régulièrement le nombre de mailles requis en tricotant dans le bord du devant gauche (voir Relever des mailles).

Tricotez un rg en côtes 1/1.

Rabattez dans le sens des côtes.

Rép. l'opération pour le devant droit.

Rapportez les manches, superposez les épaules bord contre bord par le milieu du bord rabattu des manches.

Veillez au bon alignement des rangs à motif sur le devant et le derrière lors de l'assemblage des manches. Assemblez au point de matelas. Cousez au point de matelas les côtés et les bords des manches. Rentrez tous les fils. Posez la fermeture selon les explications de la page 70.

Lire une grille

Quelle que soit la technique adoptée pour former le jacquard, l'explication d'un motif en couleur est souvent donnée par une grille dont chaque carré représente une maille différente. Les carrés sont colorés différemment ou comportent des symboles en fonction du coloris qui doit être utilisé.

La grille se lit de bas en haut en commençant à droite sur un rang endroit. Le rang endroit est numéroté à droite de la grille et se lit, de droite à gauche, pour les rangs impairs faits sur l'endroit. Le rang envers est numéroté à gauche de la grille et se lit, de gauche à droite, pour les rangs pairs faits sur l'envers.

La grille du bonnet comporte 12 répétitions de mailles, le motif se répète donc sur tout le rang. La grille de la veste illustre le dos grandeur nature et différentes parties du motif sont indiquées pour les devants et les manches.

Une grille donne une explication claire du motif à réaliser et elle est facile à suivre. Il est également plaisant de créer son propre modèle à l'aide de papier millimétré. Mais il faut savoir qu'une maille tricotée est en général plus large que haute, le motif de la grille apparaîtra donc plus large et plus court une fois tricoté.

Bonnet facile

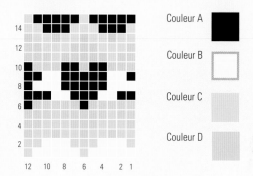

Veste style étoiles norvégiennes

Réaliser des côtes bicolores

Les côtes bicolores s'emploient comme autre bordure pour les vêtements en jacquard. Vous vous baserez sur la technique des fils tissés (voir les techniques du jacquard à fils flottants), en passant les fils derrière le travail lorsque vous tricoterez des côtes.

Adapter la largeur du motif

Vous devrez choisir un multiple de 4 mailles plus 2 pour bien travailler ces côtes 2/2, et ajuster les motifs en conséquence.

Par exemple, pour la taille (T2) de la veste au style étoiles norvégiennes, ajustez le motif ainsi :

Pour le dos : montez 70 m. pour les côtes et tricotez les 2 premières mailles ensemble à l'endroit au début du dernier rang des côtes.

Pour le devant : montez 30 m. pour les côtes et tricotez deux fois à l'endroit dans la première et la dernière maille du dernier rang des côtes.

Pour les manches : montez 34 m. et tricotez deux fois à l'endroit dans la première maille du dernier rang des côtes.

Tricoter les côtes bicolores

Montez avec la laine A de façon à conserver tous les fils flottants sur l'envers du tricot. Veillez à toujours placer les fils derrière l'ouvrage avant de changer de couleur.

1er rg : (côté end.) 2 m. end. en laine B, (2 m. env. en laine A, 2 m. end. en laine B) jusqu'à la fin.

1 Placez la laine B derrière le tricot après avoir tricoté et avant de placer la laine A devant pour tricoter à l'envers.

2 Placez la laine A derrière l'ouvrage après avoir tricoté à l'envers et avant de tricoter à l'endroit avec la laine B.

2e rg : (côté env.) 2 m. env. en laine A, (2 m. end. en laine B, 2 m. env. en laine A) jusqu'à la fin. Placez la laine B devant l'ouvrage après avoir tricoté et avant de tricoter à l'envers avec la laine A. Répétez le 1er et le 2e rg jusqu'à atteindre la longueur de côtes désirée.

Confectionner des pompons

Les pompons sont faciles à réaliser et il s'agit là d'une façon amusante d'utiliser les restes de laine. Vous pouvez vous exercer à faire des rayures ou à mélanger différentes laines et coloris. Il se vend dans le commerce des anneaux à pompon prêts à l'emploi, mais en réalité, cet accessoire est très simple à réaliser dans toutes les tailles, à partir de boîtes de céréales vides ou d'anciennes cartes de vœux.

Confectionner des anneaux

Découpez deux anneaux en carton souple d'un diamètre légèrement supérieur à la grosseur requise du pompon. Découpez un cercle dans le milieu de chaque anneau d'environ la moitié du diamètre ou un peu moins. Si le trou est trop grand, le pompon se déformera, trop petit, le pompon ne sera pas assez garni.

Réaliser le pompon

Confectionnez des pelotons de laine ou prenez des pelotes assez petites pour les faire passer dans le trou.

1 Superposez les deux anneaux et enroulez la laine autour jusqu'à les recouvrir complètement.

2 Continuez à faire d'autres tours de laine jusqu'à ce qu'il soit impossible de passer la pelote dans le trou et coupez la laine.

3 Avec une paire de ciseaux bien coupante, coupez la laine en suivant la circonférence des anneaux et en poussant la lame entre les deux épaisseurs de carton. Tenez fermement de l'autre main les anneaux.

4 Séparez les anneaux d'1 à 2 cm (½ po) environ et passez un fil de laine solide au milieu du pompon et nouez-le en serrant bien fort. Laissez une longueur suffisante de fil pour ensuite le coudre au bonnet.

5 Enlevez les anneaux, défroissez le pompon et égalisez-le.

PROJET 12 : Chandail jacquard intarsia pour homme

Ce très grand chandail à encolure en V est une actualisation en grosse laine d'un motif traditionnel Argyle. Le motif géométrique en losanges, réalisé à partir d'une grille, est un bon projet pour se lancer pour la première fois dans le jacquard intarsia, car les motifs se répètent sur tout le rang. Le dos est uni et tricoté simplement pour jouer à fond sur les contrastes avec le devant. Toutefois, si vous voulez poursuivre la bordure à motif au dos, suivez alors les explications du devant jusqu'à l'emmanchure et doublez la quantité de laine A et B demandée.

Fournitures

Super grosse laine :
850 (1100) g 30 (39) oz en couleur A
80 (100) g 3 (4) oz en couleur B
80 (100) g 3 (4) oz en couleur C
1 paire d'aiguilles 12 mm (N° 17)
1 aiguille à canevas
16 (20) bobinettes

Échantillon

En jersey endroit sur les aiguilles 12 mm (N° 17) :
8 mailles et 12 rangs de 10 cm (4 po).

Dimensions

Longueur du dos : 68 (75) cm 26 ¾ (29 ½) po
Tour de poitrine : 125 (137) cm 50 (54) po
Longueur des manches : 50 (53) cm 19 ¾ (21) po

Abréviations

m. – maille(s); **end.** – endroit; **env.** – envers; **jersey end.** – jersey endroit; **1 aug.** – 1 augmentation; **déb.** – début; **dim.** – diminuer; **aig. d.** – aiguille droite; **rest.** – restante; **surj. s. surjet simple** – passer la maille glissée par-dessus la maille tricotée; **rép.** – répéter; **côté end.** – côté endroit; **côté env.** – envers; **aug.** – augmenter; **2 m. ens. à l'end.** – 2 mailles ensemble à l'endroit; **2 m. ens. à l'env.** – 2 mailles ensemble à l'envers; **brin arr.** – brin arrière.

Dos

Montez 51 (63) m. en laine A.

Côtes

1er rg : 1 m. env., 2 m. end., *(2 m. env., 2 m. end.), rép. de * jusqu'à la fin.
2e rg : *(2 m. env., 2 m. end.), rép. de * jusqu'aux

3 dernières m., 2 m. env., 1 m. end.
Répétez le 1er et le 2e rang pendant 6 rgs.

Jersey endroit

1er rg : sur l'end., tricotez à l'end. jusqu'à la fin.
2e rg : env.
Continuez jusqu'à atteindre 40 (43) cm 15¾ (17) po de longueur, en finissant par un rg env.

Emmanchure

1er rg : rabattez 3 (4) m. au déb. du rg, tricotez à l'end. jusqu'à la fin. Il reste 48 (59) m.
2e rg : rabattez 3 (4) m. au déb. du rg, tricotez à l'env. jusqu'à la fin. Il reste 45 (55) m.
3e rg : dim. 1 m. à chaque fin du rg. Il reste 43 (53) m.
4e rg : dim. 1 m. à chaque fin du rg. Il reste 41 (51) m.
5e rg : dim. 1 m. à chaque fin du rg. Il reste 39 (49) m.
Continuez de tricoter en jersey end. sans diminuer jusqu'à atteindre 27 (32) cm 10¾ (12½) po de longueur, en finissant par un rg env.

Épaule et arrière du col

Côté droit

Rabattez 5 (7) m. au déb. du rg suivant, tricotez à l'end. jusqu'à obtenir 5 (7) m. sur l'aig. dr. Mettez 29 (35) m. en attente sur un arrête-mailles.
Au rg suivant, tricotez à l'env. 5 (7) m.
Rabattez la totalité des 5 (7) m.
Faites passer les m. de l'arrête-mailles sur l'aiguille gauche. Sur l'end., raccordez la pelote et rabattez 19 (21) m. pour le col, tricotez à l'end. jusqu'à la fin.

Côté gauche

Rabattez 5 (7) m. au déb. du rg, tricotez à l'env. jusqu'à la fin. Il reste 5 (7) m.
Au rg suivant, tricotez à l'end. toutes les m.
Rabattez la totalité des 5 (7) m.

Devant

Le motif multicolore en losanges est tricoté à l'aide de
la technique du jacquard intarsia (voir pages 96 et 97).
Montez 51 (63) m. en couleur A et tricotez en
côtes comme au dos.

Motif du jacquard intarsia

Déroulez 4 (5) bobinettes en
couleur A, 4 (5) bobinettes en
couleur B et 8 (10) bobinettes
en couleur C.

Commencez sur l'end. en bas
et à droite de la grille (1er rg,
1ère m.), tricotez le 1er et le
2e rg en couleur A à partir
de la pelote principale.

Continuez selon motif de la
grille en utilisant les bobinettes
de laine et en formant 4 (5) losanges
jusqu'au 25e rg.

La dernière m. de chaque rg doit
être tricotée en couleur A.

Raccordez la pelote principale à la
couleur A. Continuez en jersey end. en
couleur principale jusqu'à atteindre 40 (43) cm
15¾ (17) po de longueur, en finissant par un rg env.
(tricotez le même nombre de rgs qu'au dos).

Emmanchure

1er rg : rabattez 3 (4) m. au déb. du rg, tricotez à l'end.
jusqu'à la fin. Il reste 48 (59) m.

■ Couleur A
■ Couleur B
□ Couleur C

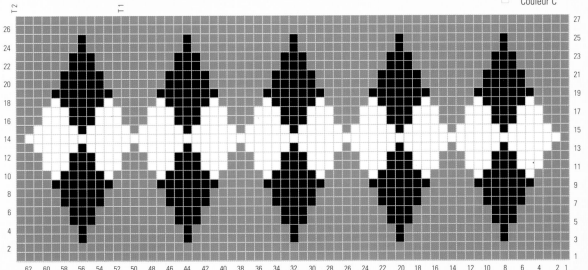

2ᵉ rg : rabattez 3 (4) m. au déb. du rg, tricotez à l'env. jusqu'à la fin. Il reste 45 (55) m.

3ᵉ rg : dim. 1 m. à chaque fin du rg. Il reste 43 (53) m.

4ᵉ rg : dim. 1 m. à chaque fin du rg. Il reste 41 (51) m.

5ᵉ rg : dim. 1 m. à chaque fin du rg. Il reste 39 (49) m.

6ᵉ rg : tricotez toutes les m. à l'env.

Col gauche en V

1ᵉʳ rg : 18 m. (22) end., 2 m. ens. à l'end. Mettez les 19 (23) m. rest. en attente sur un arrête-mailles pour le côté droit.

2ᵉ rg : env.

3ᵉ rg : tricotez à l'end. jusqu'aux 3 dernières m., 2 m. ens. à l'end., 1 m. end. Il reste 18 (23) m.

4ᵉ rg : env.

Rép. le 3ᵉ et le 4ᵉ rg, pour l'encolure, jusqu'au 18ᵉ (20ᵉ) rg, dès qu'il reste 11 (15) m.

19ᵉ (21ᵉ) rg : end.

20ᵉ (22ᵉ) rg : env.

21ᵉ (23ᵉ) rg : tricotez à l'end. jusqu'aux 3 dernières m., 2 m. ens. à l'end., 1 m. end. Il reste 10 (14) m.

22ᵉ (24ᵉ) rg : env.

Continuez en jersey end. jusqu'à atteindre 27 (32) cm 10 ¾ (12 ½) po de longueur pour l'emmanchure, en finissant par un rg env.

Épaule gauche

Rabattez 5 (7) m. au déb. du rg, tricotez à l'end. jusqu'à la fin.

Au rg suivant, tricotez à l'env. 5 (7) m.

Rabattez la totalité des 5 (7) m.

Col droit en V

Faites passer les 19 (23) m. de l'arrête-mailles sur une aiguille pour le col droit.

Raccordez la pelote au milieu du devant.

1ᵉʳ rg : end.

2ᵉ rg : env.

3ᵉ rg : tricotez à l'end., 1 gl., 1 m. end., surj. s., tricotez à l'end. jusqu'à la fin. Il reste 18 (22) m.

4ᵉ rg : env.

Rép. le 3ᵉ et le 4ᵉ rg, pour former le col, jusqu'au 18ᵉ (20ᵉ) rg, dès qu'il reste 11 (15) m.

19ᵉ (21ᵉ) rg : end.

20ᵉ (22ᵉ) rg : env.

21ᵉ (23ᵉ) rg : tricotez à l'end., 1 gl., 1 m. end., surj. s., tricotez à l'end. jusqu'à la fin. Il reste 10 (14) m.

22ᵉ (24ᵉ) rg : env.

Continuez en jersey end. jusqu'à atteindre 27 (32) cm 10 ¾ (12 ½) po de longueur pour l'emmanchure, en finissant par un rg env.

(Côté end.) Tricotez 1 rg à l'end.

Épaule droite

Rabattez 5 (7) m. au déb. du rg, tricotez à l'env. jusqu'à la fin.

Au rg suivant, tricotez à l'end. 5 (7) m.

Rabattez la totalité des 5 (7) m.

Manches (tricoter la paire)

Montez 26 (30) m. en couleur A.

Côtes

1ᵉʳ rg : 2 m. end., *(2 m. env., 2 m. end.), rép. de * jusqu'à la fin.

2ᵉ rg : 2 m. env., *(2 m. end., 2 m. env.), rép. de * jusqu'à la fin.

Répétez le 1ᵉʳ et le 2ᵉ rang pendant 6 rgs jusqu'au 8ᵉ rg.

Jersey endroit

1ᵉʳ rg : (côté end.) end.

2ᵉ rg : env.

3ᵉ rg : aug. d'1 m. de chaque côté. Vous obtenez 28 (32) m.

Continuez en jersey end. en aug. comme au 3ᵉ rg tous les 6 rgs jusqu'au 39ᵉ (46ᵉ) rg. Vous obtenez 40 (46) m. (9ᵉ, 15ᵉ, 21ᵉ, 27ᵉ, 33ᵉ, 39ᵉ (46ᵉ)) rg.

Tricotez 3 rgs, puis aug. de chaque côté au 43ᵉ (49ᵉ) rg. Vous obtenez 42 (48) m.

Continuez en jersey end. sans aug. jusqu'à atteindre 50 (53) cm 19 ¾ (21) po, en finissant par un rg env.

Tête de manche

1ᵉʳ rg : rabattez 3 (4) m. Tricotez à l'end. jusqu'à la fin. Il reste 39 (44) m.

2ᵉ rg : rabattez 3 (4) m. Tricotez à l'env. jusqu'à la fin. Il reste 36 (40) m.

3ᵉ rg : tricotez à l'end., 1 gl., 1 m. end., surj. s., tricotez à l'end. jusqu'aux 3 dernières m., 2 m. ens. à l'end., 1 m. end. Il reste 34 (38) m.

4ᵉ rg : env.

5ᵉ rg : tricotez à l'end., 1 gl., 1 m. end., surj. s., tricotez à l'end. jusqu'aux 3 dernières m., 2 m. ens. à l'end., 1 m. end. Il reste 32 (36) m.

(T1) :

6ᵉ rg : 1 m. env., 2 m. ens. à l'env., tricotez à l'env. jusqu'aux 3 dernières m., 2 m. ens. à l'env. brin arr., 1 m. à l'env. Il reste 30 m.

(T2) :

6ᵉ rg : end.

7ᵉ rg : tricotez à l'end., 1 gl., 1 m. end., surj. s., tricotez à l'end. jusqu'aux 3 dernières m., 2 m. ens. à l'end., 1 m. end. Il reste (34) m.

(T1) et (T2) :
Rabattez toutes les m.

Assemblage

Mettez toutes les pièces en forme et passez-les à la vapeur.

Cousez le côté des manches au point de matelas.

Bord côtelé du col en V

Côté gauche

En couleur A, sur l'end., relevez 18 (21) m. du milieu du devant de la pointe du col en V à l'épaule gauche et 10 (11) m. de l'épaule gauche au milieu du dos. Vous obtenez 28 (32) m.

1ᵉʳ rg : (côté env.) *(2 m. end., 2 m. env.) rép. de * jusqu'à la fin.

2ᵉ rg : Rép. le 1ᵉʳ rg en couleur A.

Passez à la couleur C. Rép. le 1ᵉʳ et le 2ᵉ rg.

Passez à la couleur B. Rép. le 1ᵉʳ et le 2ᵉ rg.

Rabattez toutes les m.

Côté droit

En couleur A, sur l'end., relevez 10 (11) m. du milieu de l'arrière du col au bord de l'épaule droite et 18 (21) m. de l'épaule droite au milieu du devant de la pointe du col en V. Vous obtenez 28 (32) m. Rép. 6 rgs comme au côté gauche et rabattez.

Cousez les extrémités du col côtelé au point de matelas au chandail, superposez-les à la pointe du col du devant et faites correspondre les mailles au milieu du dos.

Cousez les manches et assemblez les côtés et les bords des manches.

Rentrez tous les fils pour obtenir une finition impeccable.

Bobinettes et pelotes

La technique du jacquard intarsia vous oblige à tricoter avec plusieurs pelotes ou bobinettes et plusieurs couleurs dans un même rang. Il est important de préparer avec soin les pelotes et de rester organisé pour éviter l'emmêlement des fils. Enroulez seulement une petite quantité de laine à la fois de la pelote ou de la bobinette. En suivant une grille, vous pouvez vous faciliter la tâche et reconnaître la couleur de la pelote ou bobinette, en étiquetant chacune d'elle par référence de couleur, par exemple laine A, B, etc.

Avant de commencer le motif du jacquard intarsia, enroulez les laines respectives des tailles T1 et T2 autour des bobinettes. Les pelotes utilisées pour les plus grandes zones de couleur peuvent être préparées en les mettant dans un sac en plastique transparent, refermé par un élastique pour faciliter la sortie de la laine. Les fils ainsi ne s'emmêlent pas si vous jouez avec plusieurs pelotes à la fois.

Rentrer les fils

Avec le jacquard intarsia, les fils sur l'envers du tricot se multiplient. Il faut donc les rentrer pour obtenir, comme d'habitude, une finition impeccable avant d'assembler les bords (voir page 29). Les fils doivent être rentrés le long des lignes de démarcation des couleurs, lorsque cela est possible, ou dans le tricotage de même couleur. S'il y en a trop, il est mieux de les rentrer tous les 10 à 15 rangs, vous éviterez ainsi de les voir entremêlés et échapperez à une tâche pénible à la fin.

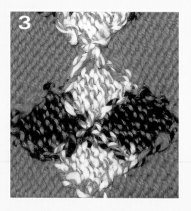

1 Rentrez les fils sur l'envers du tricot, en travaillant le long des bordures de même couleur.

2 Revenez en sens inverse avec le fil et détendez délicatement le tricot pour bien l'assouplir, et éviter ainsi de le déformer.

3 Coupez les fils de manière à obtenir une finition impeccable.

Jacquard brodé

Il s'agit d'une technique de broderie avantageuse qui reproduit la maille tricotée. C'est une façon simple d'ajouter des zones ou des lignes de diverses couleurs à un dessin. Elle sert également à broder ou à rectifier un motif de jacquard une fois le tricot terminé. Si vous souhaitez faire du jacquard brodé pour créer plus de motifs ou colorer le dessin, photocopiez la grille originale du jacquard et indiquez par un symbole les mailles à travailler avant de broder le tricot.

1 Piquez l'aiguille dans l'envers du tricot et faites-la sortir à la base de la maille tricotée, à l'endroit. Passez l'aiguille derrière le « V » de la maille au dessus, de droite à gauche. Laissez un fil assez long sur l'envers du travail à rentrer ultérieurement.

2 Piquez l'aiguille dans l'endroit du tricot à la base de la maille de nouveau et tirez le fil. Une nouvelle maille en forme de « V » recouvre à présent la première maille.

3 Passez l'aiguille sur l'endroit à la base de la maille suivante à broder.

4 Répétez l'opération pour chaque maille à broder et finissez en rentrant les fils sur l'envers du tricot.

Techniques de broderie

Créer des motifs et des effets de surface en combinant une variété d'ornements et de couleurs dans un tricot peut être très amusant. La broderie décorative, comme l'ajout de perles ou de paillettes, se travaille dans les dessins lors du tricotage alors que la broderie classique se réalise une fois le tricot terminé. Il est toujours utile de vérifier, à l'aide d'un échantillon, si les perles ou la broderie conviennent à la laine que vous envisagez d'utiliser. Vous serez ainsi assuré de ne pas voir votre tricot subir de déformations et vous affinerez, de surcroît, votre technique en obtenant des résultats dignes d'un professionnel.

Perles et paillettes

En plus d'ajouter une note fort décorative au tricot, les perles et les paillettes se tricotent facilement. Vous pouvez insérer des perles pour recouvrir totalement la surface du tricot ou en ajouter en motif ou en bordure. Pour insérer des perles à des mailles en grosse laine, la méthode du point coulé, illustré ici, est la plus pratique, car elle s'emploie pour les perles à gros calibre.

Choisir les perles

Pour la grosse laine, il est particulièrement important de vérifier si les trous des perles ou des paillettes sont assez gros pour convenir à la double épaisseur de laine utilisée. Si les perles sont trop petites, elles glisseront entre les mailles sur l'envers du tricot, surtout si elles ne sont pas tricotées assez serrées. Vérifier aussi le poids des perles par rapport au tricot, il ne doit pas être trop lourd. Finalement, voyez si les conseils d'entretien conviennent ou non aux perles.

Enfiler les perles

Il faut enfiler les perles et les paillettes sur la laine avant de les tricoter.

Pour éviter d'avoir à couper la laine, il est toujours mieux d'en surestimer le nombre que vous comptez utiliser. Si vous êtes à court de perles avant la fin d'une pelote, coupez la laine au début d'un rang et rentrez les fils. Sinon, déroulez la pelote et enfilez plus de perles à l'autre extrémité. Vous pouvez utiliser une aiguille à gros chas pour enfiler le nombre de perles désiré. Assurez-vous que l'aiguille passe facilement dans la perle. Pour les grosses perles, c'est en général la façon la plus simple de procéder. Toutefois, si vous ne disposez pas d'une aiguille assez grosse, vous pouvez enfiler les perles ainsi :

1

2

3

1 Pliez en deux une longueur de fil à coudre et enfilez les deux bouts dans une aiguille suffisamment fine pour rentrer dans la perle.

2 Passez le bout de la laine dans la boucle du fil à coudre et repliez-le sur lui-même.

3 Passez l'aiguille dans les perles et tirez la laine. Si vous utilisez des perles de couleurs ou de grosseurs différentes, rappelez-vous que les dernières perles enfilées sont les premières insérées dans le tricot. Veillez donc à enfiler les perles dans le bon ordre.

Tricoter des perles et des paillettes

Cette technique offre le meilleur effet sur un rang endroit à l'endroit. Rappelez-vous d'enfiler les perles avant de tricoter.

1 Sur un rang endroit, tricotez à l'endroit jusqu'à l'emplacement de la maille à perler et placez le fil devant le travail (comme pour l'envers). Faites remonter la perle suivante de manière à l'amener près du tricot.

2 Glissez la maille suivante à l'envers en piquant l'aig. dr. dans la maille, de l'arrière vers l'avant, et faites-la passer sur l'aig. dr. sans la tricoter.

3 Remontez la perle jusqu'à la positionner près du tricot. Placez le fil derrière le tricot de manière à ce que la perle soit suspendue devant la maille glissée. Tricotez la maille suivante à l'endroit comme d'habitude, la perle sera ainsi maintenue en place devant la maille glissée.

Vous pouvez continuer à travailler ainsi ce rang jusqu'à la perle suivante.

Si la perle utilisée est trop grosse ou trop longue, il faudra alors glisser deux mailles ensemble, ou davantage, pour laisser de la place sur l'aiguille. Toutes les mailles glissées sont travaillées normalement au rang suivant.

Broderie

La broderie est très pratique lorsqu'il s'agit d'ajouter des éléments décoratifs et de la couleur au tricot. De nombreux points de broderie lui donnent un très beau fini. Combiner différentes couleurs et mailles offre d'infinies possibilités pour agrémenter le tricot d'un point original ou d'un motif décoratif traditionnel. Parfois employée pour ajouter de la couleur et mettre en valeur les modèles de points tricotés, la broderie sert également d'ornementation.

Il est toujours plus facile de travailler avec une laine qui se rapproche du type et de l'épaisseur de la laine principale, bien que la qualité des laines mélangées puisse aussi donner d'excellents résultats, si elle est travaillée délicatement. Il est en général préférable de broder le tricot après la réalisation de toutes les pièces, mais avant de les coudre.

Utilisez une aiguille à très gros chas pour éviter les points fendus.

Travaillez toujours avec l'endroit du tricot vers vous et commencez par rentrer les fils sur l'envers avant de faire sortir l'aiguille sur l'endroit en tirant le fil.

Le point de tige

Ce point est utile pour créer des lignes de points droites ou courbées. Il se travaille habituellement de gauche à droite.

Passez le fil sur l'endroit du travail. Positionnez l'aiguille sur la longueur sur la droite, et rentrez-la dans le tricot et ressortez-la sur l'endroit à nouveau, de droite à gauche, en tirant le fil jusqu'à mi-chemin de la première maille brodée. Répétez cette opération pour obtenir une ligne de points.

Le point plumetis

Ce point est parfait pour créer de petites formes colorées pleines. Pour obtenir de bons résultats, il faut le travailler avec un fil lisse et une grosse laine pour une couverture parfaite. Ces points sont habituellement travaillés à l'horizontal, dans le même alignement que les rangs du tricot.

Passez le fil sur l'endroit du travail. Positionnez l'aiguille sur sa longueur et à droite et rentrez-la dans le tricot pour la faire sortir de nouveau sur le devant, juste en dessous du dernier point brodé. Répétez l'opération pour obtenir plus de points, en travaillant à chaque fois près de la maille du point du dessus pour que les points recouvrent totalement la partie brodée.

Le point de chaînette à la russe

Cette fleur décorative est réalisée à partir de cinq pétales ou davantage, chacun formé à partir d'une boucle de laine cousue à l'endroit voulu. Les fleurs sont du plus bel effet lorsqu'elles sont parsemées sur un tricot ou travaillées en motif ou en bordure.

1 Travaillez chaque pétale en partant du milieu de la fleur. Passez l'aiguille et la laine sur l'endroit et revenez avec l'aiguille au même endroit, en formant une boucle de laine pour le pétale. Passez l'aiguille une nouvelle fois sur l'endroit en sortant à droite de la pointe du pétale et faites un point discret sur la boucle pour la maintenir en place.

2 Repassez l'aiguille dans le tricot en sortant au milieu du point et répétez l'opération pour chaque pétale.

Point de chaînette au crochet

Le point de chaînette se travaille dans le tricot à l'aide d'un crochet. Cette méthode est plus rapide et les finitions sont impeccables comparées à l'aiguille à coudre. Le crochet doit être environ de la même grosseur ou légèrement plus petit que les aiguilles du tricot.

1 Tenez le crochet au-dessus du tricot et tenez la laine sous le tricot de l'autre main. Poussez le crochet vers le bas dans le tricot et attrapez le brin de laine en dessous. Ramenez le fil sur le devant du tricot en formant une boucle.

2 Piquez le crochet en bas de la maille suivante et tirez une seconde boucle. Vous obtenez ainsi deux boucles sur le crochet.

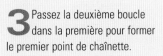

3 Passez la deuxième boucle dans la première pour former le premier point de chaînette.

4 Continuez ainsi en suivant le motif. À la fin de la chaînette, coupez le fil et passez-le dans la dernière maille un peu comme une maille rabattue.

5 Utilisez le crochet du côté envers du tricot pour passer le fil en mobilisant l'extrémité de la chaînette.

6 Avec le crochet, sur l'envers du tricot, passez le fil libre à l'arrière du point de chaînette pour l'arrêter.

PROJET 13 : Tricot perlé

Ce chandail hivernal ajusté est tricoté en super grosse laine. Il est pourvu d'un col roulé profond orné de perles multicolores. D'autres perles garnissent les poignets ajourés. Pour obtenir un effet encore plus saisissant, essayez de vous exercer à une bordure perlée ou à de la broderie.

Fournitures

640 (640, 640, 720) m 700 (700, 700, 790) v
  en super grosse laine
171 (171, 178, 186) perles à trou assez
  gros pour passer le fil dedans
1 paire d'aiguilles 12 mm (N°17)
1 aiguille à canevas à gros chas

Échantillon

En jersey endroit sur les aiguilles 12 mm (N° 17) :
  8 mailles et 12 rangs de 10 cm (4 po).

Dimensions

Longueur au milieu du dos : 52 (53, 53, 56,5) cm
  20½ (20¾, 21, 22¼) po
Tour de poitrine : 86 (91, 96, 102) cm
  34 (36, 38, 40) po
Longueur des manches : 41 (41, 42, 42) cm
  16 (16, 16½, 16½) po

Abréviations

m. – maille(s); **end.** – endroit; **env.** – envers;
jersey end. – jersey endroit; **augm.** – augmenter;
déb. – débuter; **surj. s** – surjet simple : passer
la maille glissée par-dessus la maille tricotée;
2 m. ens. à l'end. – 2 mailles ensemble à l'endroit;
2 m. ens. à l'env. – 2 mailles ensemble à l'envers;
côté end. – côté endroit; **côté env.** – côté envers;
rest. – restante; **j.** – jeté : passer le fil devant
l'ouvrage pour faire un jeté; **dim.** – diminuer;
rép. – répéter; **brin arr.** – brin arrière.

Dos

Montez 29 (31, 33, 35) m. en super grosse laine
  sur les aiguilles 12 mm (N° 17) selon le principe
  de montage des torsades.
Tricotez en jersey endroit tout le long ainsi :
1er rg : (côté end.) End.
2e rg : env.
Continuez jusqu'au 10e (10e, 10e, 12e) rg.

Côté

11e (11e, 11e, 13e) rg : aug. d'1 m. au déb. et
à la fin du rg. Vous obtenez 31 (33, 35, 37) m.
Continuez en jersey end. jusqu'au 18e (18e, 18e, 20e) rg.
19e (19e, 19e, 21e) rg : aug. d'1 m. au déb. et
à la fin du rg. Vous obtenez 33 (35, 37, 39) m.
Continuez en jersey end. jusqu'au 26e (26e, 26e, 28e) rg.
27e (27e, 27e, 29e) rg : aug. d'1 m. au déb. et
à la fin du rg. Vous obtenez 35 (37, 39, 41) m.
Continuez en jersey end. jusqu'à atteindre
32 (32, 32, 34) cm 12½ (12½, 12½, 13½) po
de longueur, en finissant par un rg env.

Emmanchure

1er rg : rabattez 1 (2, 2, 3) m., tricotez à l'end.
jusqu'à la fin. Il reste 34 (35, 37, 38) m.
2e rg : rabattez 1 (2, 2, 3) m., tricotez à l'env.
jusqu'à la fin. Il reste 33 (33, 35, 35) m.
3e rg : surj. s., tricotez à l'end. jusqu'aux 2 dernières
m., 2 m. ens. à l'end. Il reste 31 (31, 33, 33) m.
4e rg : 2 m. ens. à l'env., tricotez à l'env. jusqu'aux
2 dernières m., 2 m. ens. à l'end. brin arr.
Il reste 29 (29, 31 31) m.
5e rg : surj. s., tricotez à l'end. jusqu'aux 2 dernières
m., 2 m. ens. à l'end. Il reste 27 (27, 29, 29) m.
Continuez en jersey end. jusqu'à atteindre 20,5
(21, 21,5, 22) cm 8 (8¼, 8½, 8¾) po de longueur
d'emmanchure, en finissant par un rg env.

Arrière du col et épaule

Côté droit

1er rg : (côté end.) Rabattez 3 m. à l'épaule, tricotez
à l'end. jusqu'à obtenir 7 (7, 7, 7) m. sur l'aig. dr.
et mettez 17 (17, 19, 19) m. en attente sur un
arrête-mailles.
2e rg : (côté env.) Rabattez 3 (3, 3, 3) m. sur la
bordure du col et tricotez à l'env. jusqu'à la fin.
Rabattez les 4 m. rest.

Côté gauche

Faites glisser 10 (10, 10, 10) m. de l'arrête-mailles sur l'aiguille. Laissez 7 (7, 9, 9) m. en attente sur l'arrête-mailles pour le col.

1er rg : (côté end.) Raccordez la pelote à la bordure du col et tricotez à l'end. jusqu'à la fin.

2e rg : (côté env.) Rabattez 3 m. à l'épaule et tricotez à l'env. jusqu'à la fin.

3e rg : rabattez 3 (3, 3, 3) m. sur la bordure du col et tricotez 4 m.

Rabattez les 4 m. rest.

Devant

Tricotez comme au dos jusqu'à atteindre 32 (32, 32, 34) cm 12½ (12½, 12½, 13½) po de longueur, en finissant par un rg env.

Emmanchure

1er rg : rabattez 1 (2, 2, 3) m., tricotez à l'end. jusqu'à la fin. Il reste 34 (35, 37, 38) m.

2e rg : rabattez 1 (2, 2, 3) m., tricotez à l'env. jusqu'à la fin. Il reste 33 (33, 35, 35) m.

3e rg : surj. s., tricotez à l'end. jusqu'aux 2 dernières m., 2 m. ens. à l'end. Il reste 31 (31, 33, 33) m.

4e rg : 2 m. ens. à l'env., tricotez à l'env. jusqu'aux 2 dernières m., 2 m. ens. à l'env. brin arr. Il reste 29 (29, 31 31) m.

5e rg : surj. s., tricotez à l'end. jusqu'aux 2 dernières m., 2 m. ens. à l'end. Il reste 27 (27, 29, 29) m.

Continuez en jersey end. jusqu'à atteindre 15 (16, 16,5, 17) cm 6 (6¼, 6½, 6¾) po de longueur d'emmanchure, en finissant par un rg env.

Avant du col et épaule

Col gauche

1er rg : (côté end.) Tricotez à l'end. 10 (10, 10, 10) m., mettez 17 (17, 19, 19) m. en attente sur l'arrête-mailles.

2e rg : (côté env.) 2 m. ens. à l'env. sur la bordure du col, tricotez à l'env. jusqu'à la fin. Il reste 9 (9, 9, 9) m.

3e rg : tricotez à l'end. jusqu'aux 2 dernières m., 2 m. ens. à l'end. Il reste 8 (8, 8, 8) m.

4e rg : env.

5e rg : tricotez à l'end. jusqu'aux 2 dernières m., 2 m. ens. à l'end. Il reste 7 (7, 7 7) m.

6e rg : env.

Épaule gauche

1er rg : rabattez 3 (3, 3, 3) m., tricotez à l'end. jusqu'à la fin. Il reste 4 m.

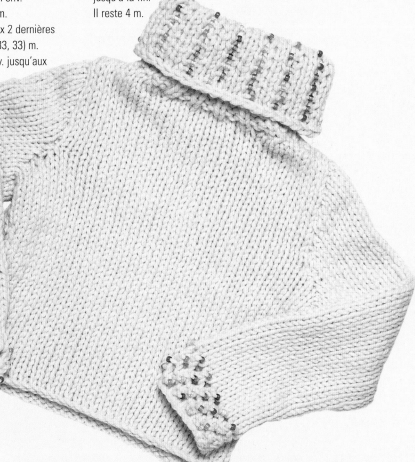

2ᵉ rg : env.
Rabattez les 4 m. rest.

Col droit
Faites glisser 10 (10, 10, 10) m. de l'arrête-mailles
sur l'aiguille. Mettez 7 (7, 9, 9) m. en attente
sur l'arrête-mailles pour le col.
1ᵉʳ rg : (côté end.) Raccordez la pelote sur la bordure
du col et tricotez à l'end. 10 (10, 10, 10) m.
2ᵉ rg : tricotez à l'env. jusqu'aux 2 dernières m., 2 m.
ens. à l'env. sur la bordure du col. Il reste 9 (9, 9, 9) m.
3ᵉ rg : 2 m. ens. à l'end., tricotez à l'end.
jusqu'à la fin. Il reste 8 (8, 8, 8) m.
4ᵉ rg : env.
5ᵉ rg : 2 m. ens. à l'end., tricotez à l'end.
jusqu'à la fin. Il reste 7 (7, 7, 7) m.
6ᵉ rg : env.

Épaule droite
1ᵉʳ rg : tricotez à l'end.
2ᵉ rg : rabattez 3 (3, 3, 3) m., tricotez à l'env.
jusqu'à la fin. Il reste 4 m.
3ᵉ rg : end.
Rabattez les 4 m. rest.

Manches (tricoter la paire)
Avant de commencer à tricoter les manches, enfilez
40 (40, 40, 44) perles sur un fil de laine (voir page 112).

Poignets à jour perlé
(Voir page 120).
Montez 23 (23, 23, 25) m. sur les aiguilles 12 mm
(Nº 17).
1ᵉʳ rg : end.
2ᵉ rg : (côté env.) Tricotez 1 m. end., *(2 m. ens.
à l'end., j. avec perle), rép. de * jusqu'aux
2 dernières m., 2 m. end.
Rép. ces 2 rgs 3 fois. Vous obtenez 8 rgs.
(Côté end.) Commencez par un rg end., tricotez
8 rgs en jersey end. Vous obtenez 16 rgs.

Augmentation
17ᵉ rg : (côté end.) Aug. d'1 m. au déb. et à la fin
du rg. Vous obtenez 25 (25, 25, 27) m.
Continuez à augmenter en jersey env. de chaque
côté du rg tous les 12 rg ainsi :
29ᵉ rg : aug. d'1 m. au déb. et à la fin du rg.
Vous obtenez 27 (27, 27, 29) m.
41ᵉ rg : aug. d'1 m. au déb. et à la fin du rg.
Vous obtenez 29 (29, 29, 31) m.
Continuez en jersey end. jusqu'à atteindre

41 (41, 42, 42) cm 16 (16, 16½, 16½) po
de longueur, en finissant par un rg env.

Tête de manche
Tricotez en jersey end. tout le long.
1ᵉʳ rg : (côté end.) Rabattez 1 (2, 2, 3) m. au déb. du rg.
2ᵉ rg : rabattez 1 (2, 2, 3) m. au déb. du rg.
Il reste 27 (25, 25, 25) m.
3ᵉ rg : dim. 1 (2, 2, 3) m. au déb. et à la fin du rg.
Il reste 25 (23, 23, 23) m.
4ᵉ rg : tricotez à l'end. sans diminuer.
5ᵉ rg : dim. 1 m. au déb. et à la fin du rg.
Il reste 23 (21, 21, 21) m.
6ᵉ rg : tricotez à l'end. sans diminuer.
7ᵉ rg : tricotez à l'env., dim. 1 (0, 0, 0) m. au déb.
et à la fin du rg.
8ᵉ rg : tricotez à l'end. sans diminuer.
9ᵉ rg : dim. 1 m. au déb. et à la fin du rg.
Il reste 19 (19, 19, 19) m.
10ᵉ rg : tricotez à l'end. sans diminuer.
Rép. le 9ᵉ et le 10ᵉ rg 3 (3, 3, 3) fois. Il reste 13 m.
17ᵉ rg : dim. 1 m. au déb. et à la fin du rg. Il reste 11 m.
18ᵉ rg : dim. 1 m. au déb. et à la fin du rg. Il reste 9 m.
Rabattez toutes les m.

Assemblage
Mettez toutes les pièces en forme et passez-les
à la vapeur.
Au point de matelas, cousez à une demi-maille du
bord, assemblez l'épaule droite bord contre bord.

Col
Sur l'env. et sur les aiguilles 12 mm (Nº 17), relevez
en tricotant à l'end. 7 (7, 7, 7) m. du côté gauche
du devant du col, 7 (7, 9, 9) m. de l'arrête-mailles
du devant, 7 m. du côté droit du devant du col, 5 m.
du côté droit de l'arrière du col, 7 (7, 9, 9) m. de
l'arrête-mailles de derrière, 6 (6, 5, 5) m. du côté
gauche de l'arrière du col. Vous obtenez
39 (39, 42, 42) m.
1ᵉʳ rg : tricotez 2 fois à l'end. dans la première m.,
*1 env., 2 end., rép. de * jusqu'aux 2 dernières m.,
1 env., 1 end. Vous obtenez 40 (40, 43, 43) m.
2ᵉ rg : 1 env., 1 end., **2 env., 1 end., rép. de **
jusqu'aux 2 dernières m., 2 env. Continuez en
côtes 1/1 comme demandé jusqu'au 16ᵉ rg.
Coupez la laine et enfilez 91 (91, 98, 98) perles.

Tricoter des perles au point coulé
(Voir page 113).
17ᵉ rg : *2 m. end., j. avec perle, 1 gl. Rép. de *

jusqu'à la dernière m., 1 m. end.

18e rg : env.

Rép. le 17e et le 18e rg 5 fois.

29e rg : *2 m. end., j. avec perle, 1 gl. Rép. de * jusqu'à la dernière m., 1 m. end. Rabattez souplement les m. à l'env.

Assembler les bords

Au point de matelas, travaillez à une demi-maille du bord latéral de tous les côtés.

Assemblez l'épaule gauche bord contre bord.

Assemblez les bords du col, en les inversant pour permettre le rabat du col (voir page 47).

Rapportez les manches en superposant le milieu de la tête des manches au bord de

l'épaule. Détendez-les bien pour les emboîter aux emmanchures.

Assemblez les côtés et les bords des manches.

Rentrez tous les fils pour obtenir une finition parfaite.

Variations

Si vous voulez ajouter davantage de perles au pull, optez pour la solution des bords perlés au crochet expliquée à la page suivante. Cette idée peut être reprise pour la bordure inférieur du vêtement ou comme bordure supplémentaire au col.

Pour mettre en valeur le col perlé, préférez la sobriété au niveau des manches. Montez simplement le même nombre de mailles et tricotez les 8 premiers rangs en jersey endroit, en commençant par un rang endroit.

Techniques du tricotage de perles

Bien que la technique du point coulé (voir page 113) soit la méthode la plus répandue pour orner un tricot de perles, il est possible de la reprendre pour les modèles à points texturés afin de créer de nouvelles surfaces de tricot originales. Compte tenu du poids des perles, l'aspect final du tricot risque de subir des déformations. C'est pourquoi les bordures et les garnitures sont souvent des emplacements de choix pour tricoter des perles. Pour la grosse laine, la dentelle ajourée et les perles se démarquent clairement et sont faciles à travailler. Vous pouvez donc vous exercer en ajoutant des perles à différents motifs de points à certains endroits des vêtements. Agrémenter de perles les pièces du tricot en guise de finition est également possible selon des techniques simples au crochet. Elles peuvent encore être cousues sur place avec une aiguille à canevas à gros chas et à bout rond.

Dentelle perlée

Avec cette technique, le tricotage de perles s'effectue sur un rang envers et les perles apparaissent sur l'endroit en tricotant le rang suivant. Le nombre de perles requis doit être enfilé sur la laine avant de commencer à tricoter les perles (voir page 112). La première maille du rang est travaillée sans tenir compte du motif pour faciliter la couture du bord.

1 Mettez la laine devant (j.) et faites remonter la perle en la poussant près de l'aig. dr.

2 Piquez l'aig. dr. dans les deux mailles suivantes à l'endroit, enroulez le fil de droite à gauche autour de l'aiguille et tricotez les deux mailles ensemble à l'endroit (2 m. ens. à l'end.).

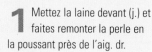

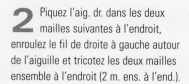

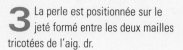

3 La perle est positionnée sur le jeté formé entre les deux mailles tricotées de l'aig. dr.

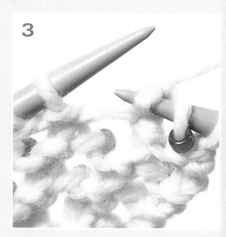

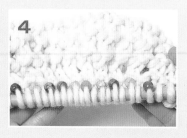

4 Répétez les étapes 1 et 2 sur tout le rang. Le rang de perles doit se trouver sur l'envers du tricot et le nombre de mailles du départ doit rester le même sur l'aiguille.

5 Sur le rang endroit, tricotez à l'endroit chaque maille et le jeté comme d'habitude. Les perles viendront se positionner sur le jeté, sur l'endroit du tricot, au fur et à mesure que le rang se tricote.

Bordure perlée au crochet

Cette technique de crochetage de perles peut s'appliquer sur la bordure d'un tricot avec la même laine et un crochet de taille équivalente à la laine utilisée. La même technique est aussi employée pour travailler des lignes perlées à la surface du tricot. Combinée à d'autres techniques de broderie, elle donne aussi de bons résultats.

1 Enfilez les perles sur la laine et passez une longueur de 10 à 15 cm (4 à 6 po) de fil sur l'envers du tricot entre la première et la seconde maille, de manière à avoir les perles enfilées sur l'endroit.

2 Faites remonter la première perle en la poussant le long du fil vers le tricot et poussez le crochet vers le haut, côté envers, entre la deuxième et la troisième maille en tirant sur l'envers une boucle de laine, ce qui permet de maintenir la perle en place.

3 Faites remonter la perle suivante vers le tricot et ramenez une autre boucle de laine sur l'envers, en maintenant ainsi la deuxième perle en place. Il y a maintenant deux boucles sur le crochet.

4 Faites passer la nouvelle boucle dans la première, ce qui laisse une seule boucle sur le crochet.

5 Répétez les étapes 3 et 4 sur la bordure à perler. Veillez à conserver une certaine souplesse dans la chaîne qui se forme sur l'envers du tricot, sinon le tricot sera trop resserré.

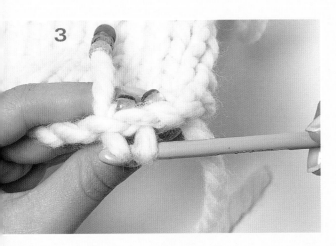

PROJET 14 : Châle pailleté

Avec ce châle scintillant, vous rangerez votre écharpe au fond du placard ! Les giga-paillettes se tricotent facilement dans le point de chevrons à zigzags, en faisant briller de mille feux le mohair coloré. Peut-être aimeriez-vous exagérer l'effet des chevrons et vous exercer à réaliser des bandes dans un mohair aux divers coloris. Revoyez les suggestions du projet 9 : « Pull dentelle à col boule » et inspirez-vous en pour l'aspect final de ce châle.

Fournitures

600 m 660 v en grosse laine mohair luxueuse
300 paillettes géantes réparties en 60 couleurs A, B, C, D et E
1 paire d'aiguilles 7 mm (N° 11)
1 aiguille à canevas

Échantillon

En jersey endroit sur les aiguilles 7 mm (N° 11) :
   12 mailles et 15 rangs de 10 cm (4 po).

Dimensions

Largeur : 60 cm (24 po)
Longueur du bord latéral : 160 cm (63 po)

Abréviations

end. – endroit ; **env.** – envers ; **côté env.** – côté envers ; **côté end.** – côté endroit ; **2 m. ens. à l'end.** – 2 mailles ensemble à l'endroit ; **j.** – jeté ; **rép.** – répéter ; **m.** – maille(s) ; **1 m. gl.** – glisser 1 maille ; **fil der.** – fil derrière l'ouvrage.

Avant de commencer à tricoter

Divisez les paillettes en 15 groupes pour chaque bande. À vous de décider si vous voulez prendre les coloris comme ils viennent ou non. Mais sachez qu'en conservant pour chaque groupe un même coloris, la bande de chevrons se démarquera davantage. Enfilez les paillettes dans la première pelote de laine (Voir page 112). Vous devez déterminer le nombre de rangs qu'il est possible de tricoter avec la première pelote de laine. Toutefois, en enfilant toutes les paillettes pour les cinq premières bandes sur une longueur de 100 m (110 v), vous ne devriez pas être à court. Si vous choisissez de faire ainsi, coupez simplement la laine à la fin d'un rang et enfilez une nouvelle fois d'autres paillettes. Si vous manquez de laine, enfilez de nouveau dans le bon ordre les paillettes sur le fil de la pelote suivante. Rappelez-vous que les paillettes doivent être enfilées dans l'ordre inverse que celui dans lequel vous les tricotez. Par conséquent, les 15 dernières paillettes que vous enfilez sur la pelote sera en couleur A, la première bande de paillettes à tricoter et ainsi de suite.

Réaliser le châle

Montez 83 m. sur les aiguilles 7 mm (N° 11)
Tricotez 4 rangs au point mousse (fond uni)

Côté env., tricotez le point de chevrons orné de paillettes ainsi :

Cinq bandes pailletées à petits intervalles
Point de chevrons avec paillettes

1er rg : 4 m. end., tricotez à l'env. jusqu'aux 4 dernières m., 4 m. end.

2e rg : 4 m. end., (2 m. ens. à l'end., 10 m. end., j., 1 m. end., j., 10 m. end., 2 m. ens. à l'end.), rép. jusqu'aux 4 dernières m., 4 m. end.

3e rg : 4 m. end., tricotez à l'env. jusqu'aux 4 dernières m., 4 m. end.

4e rg : 4 m. end., (2 m. end., j. avec paillette couleur A, 1 m. gl., brin arr., 2 m. end.), rép. jusqu'aux 4 dernières m., 4 m. end.

5e rg : 4 m. end., tricotez à l'env. jusqu'aux 4 dernières m., 4 m. end.

6e rg : 4 m. end., (2 m. ens. à l'end., 10 m. end., j., 1 m. end., j., 10 m. end., 2 m. ens. à l'end.), rép. jusqu'aux 4 dernières m., 4 m. end.

7e au 12e rg : suivez le motif de chevrons du 1er rg au 6e rg en couleur B en insérant les paillettes au 10e rg.

13e au 18e rg : suivez le motif de chevrons du 1er rg au 6e rg en couleur C en insérant les paillettes au 16e rg.

19e au 24e rg : suivez le motif de chevrons du 1er rg au 6e rg en couleur D en insérant les paillettes au 22e rg.

25e au 30e rg : suivez le motif de chevrons du 1er rg au 6e rg en couleur E en insérant les paillettes au 28e rg.

Cinq bandes pailletées à grands intervalles
Point de chevrons sans paillettes

31e rg : 4 m. end., tricotez à l'env. jusqu'aux 4 dernières m., 4 m. end.

32e rg : 4 m. end., (2 m. ens. à l'end., 10 m. end., j., 1 m. end., j., 10 m. end., 2 m. ens. à l'end.), rép. jusqu'aux 4 dernières m., 4 m. end.

33e rg : 4 m. end., tricotez à l'env. jusqu'aux 4 dernières m., 4 m. end.

34e rg : tricotez à l'end. toutes les m.

35e rg : 4 m. end., tricotez à l'env. jusqu'aux 4 dernières m., 4 m. end.

36e rg : 4 m. end., (2 m. ens. à l'end., 10 m. end.,

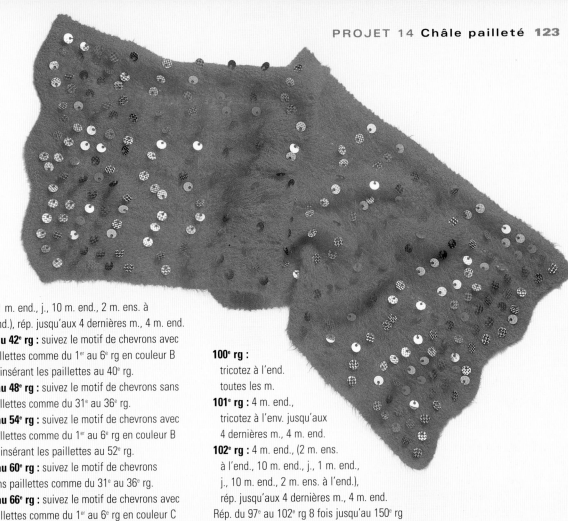

j., 1 m. end., j., 10 m. end., 2 m. ens. à
l'end.), rép. jusqu'aux 4 dernières m., 4 m. end.

37e au 42e rg : suivez le motif de chevrons avec
paillettes comme du 1er au 6e rg en couleur B
en insérant les paillettes au 40e rg.

43e au 48e rg : suivez le motif de chevrons sans
paillettes comme du 31e au 36e rg.

49e au 54e rg : suivez le motif de chevrons avec
paillettes comme du 1er au 6e rg en couleur B
en insérant les paillettes au 52e rg.

55e au 60e rg : suivez le motif de chevrons
sans paillettes comme du 31e au 36e rg.

61e au 66e rg : suivez le motif de chevrons avec
paillettes comme du 1er au 6e rg en couleur C
en insérant les paillettes au 64e rg.

67e au 72e rg : suivez le motif de chevrons
sans paillettes comme du 31e au 36e rg.

73e au 78e rg : suivez le motif de chevrons comme
du 1er au 6e rg en couleur D en insérant les
paillettes au 76e rg.

79e au 84e rg : suivez le motif de chevrons
sans paillettes comme du 31e au 36e rg.

85e au 90e rg : suivez le motif de chevrons
comme du 1er au 6e rg en couleur E en
insérant les paillettes au 88e rg.

91e au 96e rg : suivez le motif de chevrons
sans paillettes comme du 31e au 36e rg.

Section centrale des chevrons sans paillettes

Point de chevrons sans paillettes

97e rg : 4 m. end., tricotez à l'env. jusqu'aux
4 dernières m., 4 m. end.

98e rg : 4 m. end., (2 m. ens. à l'end., 10 m. end.,
j., 1 m. end., j., 10 m. end., 2 m. ens. à l'end.),
rép. jusqu'aux 4 dernières m., 4 m. end.

99e rg : 4 m. end., tricotez à l'env. jusqu'aux
4 dernières m., 4 m. end.

100e rg :
tricotez à l'end.
toutes les m.

101e rg : 4 m. end.,
tricotez à l'env. jusqu'aux
4 dernières m., 4 m. end.

102e rg : 4 m. end., (2 m. ens.
à l'end., 10 m. end., j., 1 m. end.,
j., 10 m. end., 2 m. ens. à l'end.),
rép. jusqu'aux 4 dernières m., 4 m. end.
Rép. du 97e au 102e rg 8 fois jusqu'au 150e rg
ou jusqu'à atteindre 100 cm 40 po de longueur,
en finissant par un rg env.

Cinq bandes pailletées à grands intervalles

151e au 210e rg : rép. du 37e au 96e rg, en exécutant les bandes
à paillettes dans le même ordre, de la couleur A à la couleur E.

Cinq bandes pailletées à petits intervalles

211e au 240e rg : rép. du 1er au 30e rg, en exécutant les bandes
à paillettes dans le même ordre, de la couleur A à la couleur E.

241e rg : 4 m. end., tricotez à l'env. jusqu'aux 4 dernières m.,
4 m. end.

Lisière au point mousse

Tricotez 4 rg au pt mousse.
Rabattez à l'end.

Finitions

Rentrez tous les fils.
Épinglez et mettez le bord au point de chevrons en forme
et humectez-le par vaporisation. S'il y a lieu, brossez
délicatement le châle avec un peigne à mohair sur l'endroit
en prenant soin de ne pas agripper les paillettes au passage.

Les garnitures ornementales

Le mohair chatoyant est égayé par l'ajout de paillettes brillantes et très colorées. Pour intensifier davantage cet effet, ajoutez éventuellement la frange bouclée à paillettes sur un côté seulement ou tout autour du châle, à l'aide d'un crochet. Les paillettes du châle sont tricotées selon la technique élémentaire du point coulé expliquée à la section «techniques de broderie». Toutefois, d'autres paillettes peuvent venir s'ajouter à la bordure une fois le châle tricoté. À la place des paillettes, il est également possible d'adapter le motif du châle avec de longs rubans colorés et noués les uns aux autres pour agrémenter le châle de lanières en zigzag décoratives.

Frange pailletée

Préparez la laine en enfilant le nombre de paillettes nécessaire. Laissez environ 1 paillette et 10 cm (4 po) de laine par cm (½ po) de bord à égaliser. Utilisez un crochet de même diamètre que celui des aiguilles à tricoter.

1 Tenez le bord du châle, sur l'endroit, d'une main et mettez le fil avec les paillettes derrière le travail. Tenez le crochet de l'autre main. Passez le crochet dans le tricot au milieu de la maille lisière et ramenez-le sur l'endroit en tirant une boucle.

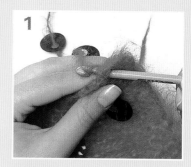

2 Formez une large boucle avec le fil de la pelote assorti d'une paillette autour de votre index levé. Passez le crochet au milieu de la maille suivante à la lisière du tricot et agrippez le brin avant avec le bout du crochet.

3 Passez la laine du brin avant de la boucle dans le tricot de manière à obtenir deux boucles sur le crochet.

4 Passez le crochet à travers le milieu de la maille suivante du tricot et attrapez la laine, cette fois par le brin arrière de la boucle qui est autour de votre index.

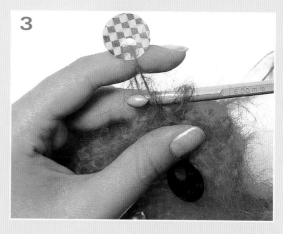

5 Passez le fil dans le tricot et dans les deux mailles du crochet, en laissant une maille sur celui-ci. Lâchez la boucle de votre index et apprêtez-vous à former la boucle suivante.

6 Répétez l'opération à partir de l'étape 2, en travaillant le long du bord à franger, une boucle à la fois. Faites remonter une autre paillette le long du fil et placez-la de manière à ce que votre index tienne chaque boucle. À la fin de la frange, coupez la laine et passez le bout dans la dernière maille pour l'arrêter.

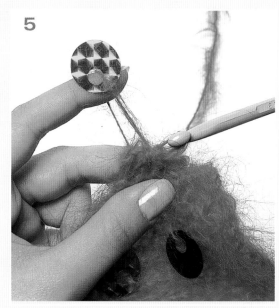

5

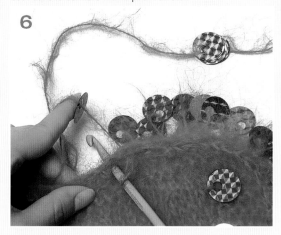

6

Lanières enrubannées

Le ruban est une garniture traditionnelle et courante de tricot qui souvent est lacé dans des œillets et qui sert aussi comme attache coulissante et comme nœud. Une façon plus moderne d'en faire usage est de le tricoter, ce qui en fait une laine luxueuse et décorative. Vous pouvez ainsi nouer des longueurs de rubans colorés et les tricoter pour obtenir une bordure ornementale au point mousse. Il est possible aussi de réaliser une mince bande contrastée rehaussant ainsi le point de chevrons. Le choix d'un ruban de satin brillant en fait un complément original au mohair, mais il peut aussi se combiner à d'autres laines.

Choisissez une largeur de ruban qui convient au diamètre des aiguilles

Une largeur de 3 mm (⅛ po) convient au mohair avec lequel est tricoté le châle. Nouez ensemble les longueurs assorties, entre 20 cm (8 po) et 1m (39 po), de rubans colorés pour créer votre propre laine. Les nœuds font partie du tricot, ne craignez donc pas de bien les serrer et égalisez les bouts très nettement. Si le ruban est très glissant, humidifiez le nœud avant de serrer – cette opération permettra de mieux le fixer. Formez une petite boule avec le ruban noué ou enroulez-le autour d'une bobinette afin de rendre la tâche plus aisée. Le montage des mailles au point mousse et les bords rabattus peuvent être tricotés au ruban pour obtenir une jolie bordure texturée. Plutôt que de travailler au point coulé et avec des paillettes, essayez de tricoter deux rangs de lanières enrubannées au point mousse.

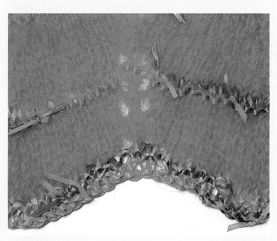

Savoir lire les motifs

Lorsque que vous regardez pour la première fois un motif, cela peut sembler confus du fait de l'emploi des abréviations. Toutefois, ces motifs se suivent en fait dans un ordre très logique et il est donc facile de les lire. De plus, les mêmes termes et abréviations se retrouvent dans différents motifs. Lisez le motif au complet avant de commencer à tricoter pour vous assurer de bien comprendre toutes les explications et d'avoir à disposition tout le matériel demandé.

Abréviations et terminologie

De nombreuses explications sont abrégées et expliquées au début du motif. La plupart d'entre elles sont courantes et vous constaterez rapidement que vous vous êtes facilement familiarisé avec. Cependant, veillez à toujours bien vérifier, car certaines variations d'un motif à l'autre se produisent parfois et cela peut entraîner une confusion pour les abréviations qui se ressemblent.

Voici certaines des abréviations les plus couramment utilisées :

aig. dble pte – aiguille double pointe

alt. – alterner

aug 1 m. –tricoter à l'endroit le brin avant et le brin arrière de la maille

aug. d'1 – augmenter d'1 maille

aug. d'1 m. – tricoter dans le brin avant et le brin arrière de la même maille

aug. – augmenter/augmentation

brin arr. – brin arrière

c. p. – couleur principale

cm – centimètre

col. contr. – couleur contrastante

col. – couleur

cont. – continuer

côté end./ sur end. – côté endroit / sur l'endroit

côté env./ sur env. –côté envers / sur l'envers

dble j. – double jeté

déb. – début

dim. – diminuer/diminution

ens. – ensemble

fil der. – fil derrière l'ouvrage

fil dev. – fil devant l'ouvrage

g. – gramme

gl. – glisser

j. – jeté

jers. end. – jersey endroit

jersey env. – jersey envers

2 m. ens. à l'end. – 2 mailles ensemble à l'endroit

2 m. ens. à l'env. – 2 mailles ensemble à l'envers

m. d. – maille

m. –purl into front and back of same stitch

m.g. – main gauche

m – mètre

mes. – mesurer

mont. – monter

mot. – motif surj. s-surjet simple

oz – onces

po – pouce

pt coulé – point coulé

pt mousse – point mousse

rab. – rabattre

rép. – répéter

rest. – restante

suiv. – suivre

surj. s. – surjet simple

torsade sur 4 m. end., croisée à droite – 4 mailles croisées sur le derrière ou 4 mailles croisées vers la droite

torsade sur 4 m. end. croisée à gauche – 4 mailles croisées sur le devant ou 4 mailles croisées vers la gauche

tric. en côtes – tricoter en côtes

tric. end. – tricoter à l'endroit

tric. env. – tricoter à l'envers

v – verge(s)

* ou () – l'astérisque ou les parenthèses signalent un ensemble d'indications qui doivent être répétés un nombre de fois défini.

Grilles

Les explications sont données soit sous forme de texte à lire ou de grille à décrypter, accompagnées d'une légende des symboles utilisés. Les grilles sont souvent fournies pour les tricots multicolores, pour le jacquard à fils tendus et le jacquard intarsia, ou encore pour les tricots à relief comme la dentelle ou les torsades. Chaque carré représente une maille et la grille doit se lire du coin droit inférieur. Tous les rangs impairs (habituellement du côté droit) doivent se lire de droite à gauche, alors que les rang pairs se lisent de gauche à droite.

Dimensions

Il s'agit des dimensions du vêtement une fois terminé.

Tour de poitrine - Il correspond à la largeur du devant et du dos mesurée ensemble.

Longueur du vêtement - Pour cette mesure, on part du point le plus haut de l'épaule ou du milieu du dos du col jusqu'au bas de la bordure du vêtement.

Fournitures

Les indications du motif réfère à la quantité et au type de laine nécessaire, à la taille des aiguilles requise et à tous les autres accessoires comme les boutons et les fermetures.

Échantillon

Il est important de suivre l'échantillon qui est donné (voir page 28).

Tricoter les pièces du vêtement

Pour la plupart des vêtements, l'ordre dans lequel les pièces sont à tricoter est indiqué : dos, devant, manches, et bandes d'encolure et bordure, qui peuvent être inclus dans la rubrique « Finitions » ou « Assemblage ».

Finitions

Les explications concernent la mise en forme et l'assemblage du vêtement. Rappelez-vous de vous référer à l'étiquette de la pelote à cette étape.

Longueur des manches - Pour la mesurer, on part habituellement du bord du poignet au début de l'avant-bras. La mesure se prend verticalement et non pas le long du bord façonné.

Lorsqu'un choix de tailles est proposé pour un modèle, les références aux tailles sont en général indiquées tout au long du modèle à l'aide de parenthèses, par ordre de grandeur, de la plus petite à la plus grande. Si rien n'est indiqué, ce modèle concerne alors toutes les tailles.

Adaptation des modèles

Étant donné que chaque vêtement tricoté est une création unique, il est donc possible d'ajuster un modèle à votre convenance. L'essentiel étant de réaliser le bon échantillon. Si votre tricot ne correspond pas tout à fait à ce dernier, la taille à l'assemblage ne sera pas exacte et le tricot sera déformé. Certains motifs peuvent s'avérer trop difficiles à adapter, mais la longueur d'une partie de tricot mal façonnée peut être facilement reprise. Par contre, il est plus difficile d'ajuster la largeur. Il est donc préférable de travailler avec un motif et un échantillon qui rendent la bonne largeur (bon nombre de mailles sur la dimension voulue). Pour ajuster la longueur, utilisez l'échantillon de la tension pour recalculer le nombre de rangs nécessaire. Pour certains modèles, on indique la longueur finalé à atteindre plutôt que de donner le nombre de rangs nécessaire, puisqu'il peut être important d'obtenir la longueur exacte. Au moment d'ajuster des modèles comportant des structures de motif ou d'ajuster un jacquard à fils tendus, essayez d'adapter la longueur en ajoutant ou en soustrayant une répétition du motif en entier.

Les laines utilisées dans le livre

Les modèles de ce livre dressent une liste des types de laine génériques. Vous trouverez ci-dessous une description des marques particulières de laine qui ont servi à réaliser les modèles. Si vous devez vous procurer une autre laine, basez-vous sur ces renseignements, sans oublier que la mesure principale est le métrage (longueur en verge) par poids de la pelote ou de l'écheveau.

Grosse laine (Projet 6)
Cygnet Wool Rich Chunky *75 % laine;*
25 % polyamide
Environ 162 m (135 v) par pelote de 50 g

Grosse laine (Projet 7)
Rowanspun Chunky *100 % laine;*
Environ 130 m (142 v) par écheveau de 100 g

Grosse laine (Projet 8)
Rowan Cork *90 % laine; 10 % nylon*
Environ 110 m (120 v) par pelote de 50 g

Extra grosse laine mélangée lavable
en machine (Projet 3, 11)
Sirdar Nova *50 % laine; 50 % acrylique*
Environ 113 m (124 v) par pelote de 100 g

Extra grosse laine polaire (Projet 7)
Jaeger Natural Fleece *100 % laine;*
Environ 85 m (93 v) par 100 g

Extra grosse laine mélangée (Projet 10)
Rowan Polar *60 % laine; 30 % alpaca;*
10 % acrylique
Environ 100 m (110 v) par pelote de 100 g

Laine d'Aran (Projet 6)
Debbie Bliss Merino Aran *100 % laine mérinos*
Environ 78 m (85 v) par pelote de 50 g

Grosse laine mohair luxueuse (Projet 10)
Hayfield Luxury Mohair *80 % laine mohair;*
10 % nylon; 10 % acrylique
Environ 101 m (111 v) par pelote de 50 g

Grosse laine mohair luxueuse (Projet 14)
Papillon Mohair *82 % mohair;*
9 % laine; 9 % nylon
Environ 98 m (108 v) par pelote de 50 g

Super grosse laine filetée (Projet 11)
Rowan Biggy Print *100 % laine mérinos*
Environ 30 m (33 v) par pelote de 100 g

Super grosse laine filetée (teinture main)
(Projet 5)
Colinette Point 5 *100 % laine*
Environ 50 m (55 v) par écheveau de 100 g

Super grosse laine (Projet 1, 4, 12, 13)
Rowan Big Wool *100 % laine mérinos*
Environ 80 m (87 v) par pelote de 100 g

Super grosse laine mélangée (Projet 2)
Patons Funky Chunky *60 % laine;*
40 % acrylique
Environ 38 m (42 v) par pelote de 50 g

Index & crédits

Crédits

Merci à Karolina Bacinska, Matt Dolphin, Charlotte Knight, Laura Montesanti et Elena Timofeeva pour leur participation en tant que modèle dans le cadre du projet de ce livre. Merci également Sheilla Sandalha pour sa participation aux techniques et sa dextérité. Quatro détient les droits exclusifs de toutes les photographies et illustrations.

Remerciements de l'auteur

Un grand merci à tous les tricoteuses enthousiastes qui ont travaillé sur les projets de ce livre – Helen Crewer, Tiphaine de Lussy, Carol Barnard, Carolyn Ekong, Amanda Griffiths et Sandra Brown.